明星的诞生 女伶

与近代上海社会

MINGXING DE DANSHENG

NVLING YU JINDAI SHANGHAI SHEHUI

张雯 著

山东城市出版传媒集团·济南出版社

图书在版编目（CIP）数据

明星的诞生：女伶与近代上海社会／张雯著.
—济南：济南出版社，2019.8（2024.2 重印）
ISBN 978 - 7 - 5488 - 3860 - 9

Ⅰ.①明…　Ⅱ.①张…　Ⅲ.①文娱活动—文化史—上
海—近代　Ⅳ.①G249.29

中国版本图书馆 CIP 数据核字（2019）第 216752 号

出 版 人	田俊林
责任编辑	张伟卿
责任校对	肖 震
封面设计	侯文英
出版发行	济南出版社
地 址	山东省济南市二环南路 1 号（250002）
编辑热线	0531 - 86131741
发行热线	0531 - 67817923　86922073　68810229
印 刷	山东百润本色印刷有限公司
版 次	2019 年 8 月第 1 版
印 次	2024 年 2 月第 2 次印刷
成品尺寸	170mm×240mm　16 开
印 张	10.5
字 数	122 千
定 价	59.80 元

（济南版图书，如有印装错误，请与出版社联系调换。联系电话:0531 - 86131736）

目　录

1

序

　伝統中国、とりわけ明清時代のジェンダー構造を特徴付けるのは女性の隠蔽・隔離である（Susan Mann, *Gender and Sexuality in Modern Chinese History*, Cambridge University Press, 2011）。近代中国では、このようなジェンダー構造が『西洋』という他者との遭遇を通じて変容を迫られ、新たなジェンダーのあり方が模索された。それは、女性の社会進出という形で最も明瞭に示された。舞台や銀幕で躍動した女優たちは、このような近代性の体現者であった。女優のイメージは、演劇や映画だけでなく、新聞、雑誌、広告、カレンダーなどさまざまな媒体を通して、拡散された。社会に偏在し、男女両性から眼差される女優は、隠蔽され隔離された伝統的な女性のまさに対極に位置するものだった。

　私自身は近代アジアのスポーツを研究している。女性の競技者は、ちょうど映画女優と同じころ、社会の舞台に進出した。女性を隠蔽・隔離するための重要な手段の一つが纏足であったとするなら、纏足から解放され自由に駆け回る女性の競技者は、映画女優と同じく、伝統的な女性の対極に位置付けることができよう。実際、当時のメディアにおいて、一部の女性競技者と映画女優はともに女明星というカテゴリーに含まれていた。水泳選手で『美人魚』と呼ばれた楊秀瓊はその代表例である。陸上競技選手の孫桂雲は映画『体育皇后』への出演を打診されていた。『体育皇后』は黎莉莉が主演することになり、1934年に公開されている。

　　传统中国、特别是明清时期的社会性别构造特征，是女性的"隐蔽"与"隔离"（Susan Mann, *Gender and Sexuality in Modern Chinese History*, Cambridge University Press, 2011）。而近代中国，这种性别构造遭遇"西洋"这一他者的入侵并发生了变化，开始摸索新的社会性别模式。其中女性迈出家门、走向社会，是变化中最显著的现象之一。活跃于舞台或银幕的女伶们，正是这样一种近代性的体现者。不仅是戏剧和电影，女伶的形象还通过报纸、杂志、广告、日历等各种媒体广泛流布于社会。偏于社会一隅、但被男女两性共同关注的女伶，与被隐蔽、被隔离的传统女性，正是两个极端的对比。

　　我本人正在进行近代东亚体育研究，女运动员几乎与女伶同时登上了社会舞台。如果说缠足是隐蔽、隔离女性的重要手段之一，那么从缠足中解放出来、可以自由奔跑的女运动员也与女伶同样站在了与传统女性相反两极的位置。当时确实有媒体将一部分女运动员与电影女演员一同归入"女明星"的行列，如被称为"美人鱼"的游泳选手杨秀琼，又如田径选手孙桂云曾被邀请出演电影《体育皇后》，该电影最终由黎莉莉主演，1934 年上映。

ただし、本書が示すように、近代化のパラダイムだけで女優の歴史を捉えることはできない。上海はたしかに近代性にあふれた都市であったが、前近代的なものが一掃されたわけではなかった。さらにこの都市は、辛亥革命以降、性質の異なるさまざまな政権によって支配されてきた。当然のごとく、この複雑な「場」で繰り広げられた女優の歴史も、単純なものではなかった。

　張雯さんは、豊富な資料を駆使して（この論文を執筆したときにはまだ『申報』のデータベースが利用できなかった）、手堅い考証と多角的な視点から、女優の歴史に迫った。作品や観客に注目するだけでなく、上海という「場」に注目したことは大きな特長で、本書の議論をより説得的にしている。女優たちが活躍した上海という「場」は、一都市だけで完結するものではなく、天津や北京、広東や浙江など、中国の他の地域との関係性のなかで成立していた。こうして女優は上海という都市の範囲をいとも簡単に越えて活動することができた。しかしそのためには、まず伝統的な家庭の厚い壁を乗り越えなければならなかった。この二つの世界はいずれも当時の中国社会の現実であり、相互に浸透しながら一つの「場」を作り上げていた。

　本書で示された男優独演→男女分演→男女共演という図式はあたかも近代化のパラダイムを支持するようでありながら、その変化を生み出したメカニズムは、ジェンダーをはじめとする多様な要因の複合的な結果であった。それは大量の資料と格闘してきた張雯さんだからこそ気付きえたものであろう。一見よく似た現象でも、異なるメカニズムが作用していることは、本書の附論がよく示している。

　近代中国の女優の歴史に新たな理解と多様な視点をもたらした点で、学界に対する本書の貢献は大きい。一方で、本書で突き詰められなかった課題もいくつかある。たとえば、租界の果たした役割については、さらに考究する余地があると思われる。著者の今後の研究に期待したい。

京都大学大学院文学研究科教授　高嶋航

2019 年 5 月 9 日

如本书所揭示的，仅用近代性这一模式还是无法准确地捕捉女伶的历史。上海无疑是充满近代性的城市，但它仍然无法在顷刻之间扫除全部前近代的元素。而且辛亥革命之后，这个城市先后被各种不同性质的政权所统治，所以在此复杂之地展开的女伶的历史，自然不会那么简单。

张雯运用丰富的近代史料（该论文执笔时期，《申报》等各类民国报刊尚无法进行电子检索），用充分有力的考证和多重视角走近女伶的历史。除了关注作品本身和观众状态，她时刻注意将女伶与上海的城市特征相结合，使本书的论证更有说服力，这也是本书的研究特点之一。而且，上海这样一个城市，必须在与天津、北京、广东、浙江等中国各地域之间的连接与交流中才得以成立，所以女伶们才能轻易地超越上海的都市界限，不断扩大活动地域的范围。但在此之前，她们必须首先突破传统家庭的坚厚壁垒。这两个完全不同的世界，都是近代中国社会中存在的现实状态，它们互相渗透才能形成一个新的"世界"。

本书呈现的"男伶独演→男女分演→男女合演"这一图式，也是中国近代化模式的表象之一，衍生出这种变化的社会机制，正是性别等多重元素复合作用后的结果，张雯经过与大量史料的较量后终于察觉到这一点。另外，乍看似乎相同的历史现象，其实背后有迥异的机制在发生作用，本书附论（对中日女伶的比较）正呈现了这一点。

本书为近代中国女伶的历史带来新的理解和多重视点，从这一点来说应该对学界有所贡献。但其中还有很多尚未充分探讨的课题，如上海租界的作用，似乎仍有较大的考察余地，期待今后作者能推出新的研究成果。

京都大学大学院文学研究科教授　高岛航

2019 年 5 月 9 日

绪　论

女伶，即今日一般意义上的"女演员"或"女性音乐工作者"，而上溯中国历史其实她还有诸多可通用的名称，如"女乐""女伎"，突出女性歌唱且使用乐器的特点；"女优""女戏子"，则主要倾向体现表演因素。因为中国传统戏剧的表演形式通常集歌唱与表演于一体，因此女伶既要会唱也要会演。女伶与男伶共称优伶，是古代演员群体的半壁江山，也是中国戏剧史的重要构成元素。

女伶，还是古代各种文献里的常客。从《史记》《汉书》，到《红楼梦》《醒世姻缘传》，正史抑或野史，横跨数千年的记录里时常会有女伶的身影。士大夫笔下，女伶有精彩的歌唱技艺或舞台表演，还有其或悲或喜片段式的如戏人生。世情小说里，女伶嬉笑怒骂风情万种，纵然长期带有淫荡或低贱的形象印记，却依然是社会底层女性群体像的一幅重要缩影。所以，女伶还是古代中国社会史、妇女史不可或缺的一部分。

女伶一直以各种形态存在着。中国古代社会最重要、最普遍的娱乐项目——戏剧，女伶从未真正缺席。然而今日，人们对现代之前的女伶及其群体似乎仍然没有一个较为清晰的整体认识，或者仅仅停留在如"芳官"那样的小说人物形象上。迄今为止各界对女伶的研究也较为稀少，较早的

通史如孙崇涛、徐宏图《戏曲优伶史》①，是按照朝代顺序将男女伶放在一起梳理，其中认为金元时期"伎、妓合一，趋向女性化"，并用"地位卑贱，命运大都可悲"定义了当时女伶的地位、婚姻等状态，而明清时期家班女乐繁盛，相应史料较为丰富，涉及的女伶人数也较多。谭帆《优伶史》② 则从优伶史与民俗文化两个层面审视古代优伶群体，但仅有"上古歌舞媚主的宫廷女乐""娼妾：下场凄凉的女伶"这两节女伶专题。这两部优伶通史虽然都对女伶有所涉及，但都没有呈现出较为完整的女伶史。

近年来还陆续有《宋元乐妓与戏剧》《昆曲与明清乐伎》③ 等女伶断代史问世，但始终没有人能够书写一部"中国女伶史"。究其原因很简单，因为前近代中国"娼""优"不分，"娼"兼"优"，"优"也多兼"娼"，加之二者通婚频繁、关系密切，所以前近代女伶身上的娼妓特征十分显著，娼优并称几乎无法剥离，因此"中国娼妓史"在某种程度上也可以看作是女伶史的广义研究。而且历代史料的稀少和零散，都加深了我们理解古代女伶的难度。

近代中国，女伶终于再次登上社会舞台并且不断进化，甚至走上了银幕，逐渐成为各地、各种娱乐业的重要支柱力量，且女伶也逐步与娼妓分离开来，成为一种较为独立的女性职业。著名学者潘光旦早在1934年即完成《中国伶人血缘之研究》④，他主要梳理了近代伶人的血缘关系及其阶级分布等问题，虽然是从生物遗传观点切入研究优伶团体，但其中对女伶婚姻、家庭的涉及无疑对女伶研究有重要提示和参考作用。该书对近代以前

---

① 孙崇涛、徐宏图：《戏曲优伶史》，文化艺术出版社，1995年。
② 谭帆：《优伶史》，上海文艺出版社，1995年。
③ 王宁：《宋元乐妓与戏剧》，中国戏剧出版社，2003年。王宁、任孝温：《昆曲与明清乐伎》，春风文艺出版社，2005年。
④ 潘光旦：《中国伶人血缘之研究》，《潘光旦文集》第二卷，北京大学出版社，2000年。

的伶人仅作简单概述，应也是史料有限所致。

　　当代的中国女伶研究，笔者认为以下几部著作较为重要。日本吉川良和较早研究近代中国的京剧女伶，其《民国初期北京坤剧研究》一文①，在梳理了《顺天时报》等民国报纸庞大的京剧史料基础上，分析了民国初期北京流行的女性表演形式——坤剧的流行，阐明了近代北京地区女伶诞生的过程，虽是论文但分量几与著作相等。周慧玲《表演中国——女明星、表演文化、视觉政治，1910－1945》一书②，则关注近代电影女演员与话剧女演员，她从人类戏剧学角度考察社会对于女性"表演"的反应，阐释了"表演"与人类社会的羁绊。姜进多年专注上海女子越剧研究，其著作 Women Playing Men：Yue Opera and Social Change in 20th－Century Shanghai③，梳理并分析了近代上海地方戏——女子越剧流行的原因和社会背景，旨在证明近代上海社会的大众文化具有"女性特征"，是社会变迁下的一部近代性别史。张远《近代平津沪的城市京剧女演员（1900－1937）》④，讲述了民国时期京剧女演员的出生背景、学艺演艺过程和生活处境，对近代女伶资料的搜集、整理较为全面。

　　由上述女伶的前期研究情况可知，近代以前的女伶身上有很强的娼妓色彩，无法将二者分离讨论，所以女伶与娼妓的历史常常混为一体，或者只能将女伶史料较为丰富的某一历史时期拿出来单独研究。而近代至当

---

① 吉川良和：《民国初期の北京における坤劇の研究》，《东洋文化研究所纪要》第 82 册，1980 年 3 月。
② 周慧玲：《表演中国——女明星、表演文化、视觉政治，1910－1945》，麦田出版，2004 年。
③ Jiang Jin：Women Playing Men：Yue Opera and Social Change in 20th－Century Shanghai. University of Washington Press，2008.
④ 张远：《近代平津沪的城市京剧女演员（1900－1937）》，山西教育出版社，2011 年。

代，女伶的活动以及文字记载明显增多，这使得单独的女伶研究成为可能。然而，又因为近代影剧产业的快速发展，女伶的种类也大幅增加，以前主唱内部"堂会"的女子戏班越来越频繁地现身于公共空间，原本主唱昆曲的女伶也开始在京剧、梆子戏、粤剧、评剧、越剧等不同剧种领域各自成军。后来随着近代舞台剧的兴起，还延伸出歌舞剧、文明戏、话剧等新式舞台女伶，表演内容和形式已经与传统戏剧有了较大差异。更有舞台之外，电影崛起后诞生了大量电影女演员，她们还有了"女明星"这一崭新而耀眼的称谓，并集各种流行因素于一身。虽然称呼改变，也没有了对"唱"的要求，但于"演"来说，电影女明星其实仍在女伶范畴。

因此目前的状况是，研究近代女伶虽基本不会出现史料匮乏问题，但因戏剧种类繁多、表演形式各异，且传统戏剧与近代舞台剧、电影的时代特征迥异，所以我们也不可能将各领域的女伶一概而论。例如张远曾在其著作中强调京剧女伶与越剧女伶不同，京剧最初即是男性主导的剧种，观众也是以男性为主，京剧女伶不会像越剧女伶那样自组团体①。因此可以说，每一艺术领域、每一地区、每一历史时段的女伶其实都可以单独成为研究课题。

笔者也无意把本书写成某一类女伶的通史。因为自夏朝有女乐以来，女伶自身及其群体一直具有戏剧、社会、文化、女性、民俗等多重元素。各历史阶段女伶群体的兴衰起伏以及女性表演的状态变化，也必定与戏剧史或社会文化史、女性史的某种变迁息息相关。换言之，我们可以通过女伶来了解、透视其背后的社会变化和走向。因此，本书参考戏剧史、妇女史研究中女伶的形象和状态，主要从社会文化史的角度来对女伶进行解析

---

① 张远：《近代平津沪的城市京剧女演员（1900－1937）》，山西教育出版社，2011年。

和研究，在阐明女伶自身及其群体变迁的同时，尝试构建出地域社会文化发展的整体框架。如书名所示，"女伶"是切入点，通过它走进近代上海社会文化的世界。

为何选择上海？首先近代中国的传统戏剧产业，当数京津沪最为发达，三地的戏剧表演艺术也代表了当时全国的最高水平。如果着眼于优伶表演这条线索来概括清代以后传统戏剧的变迁，与其他城市相比，"男伶独演→男女分演→男女合演"这一演变过程，在近代上海体现得尤为显著，且变化特征明显、过程相对完整。其次，近代中国电影发源于上海，20世纪30年代国产电影即在此迎来最早的黄金时代，无论是制片还是上映、数量还是质量，上海均远远超过包括北京在内的全国其他地区。还有歌舞剧、文明戏、话剧等近代新式舞台剧，均是在近代上海诞生并得以快速发展起来的。另外诸多传统地方戏，如粤剧、评剧、沪剧、越剧等，虽然其本源地并非上海，但却都是在上海的社会环境中才得到了真正的蜕变，民国时期地方戏在上海的发展经历对其戏剧艺术的完善至关重要。总而言之，无论是近代中国的戏剧史，还是电影史、话剧史中，上海的分量极重且地位显著。而且，上海是近代中国面向世界的第一窗口，从新的精神思想、价值观念到各种艺术科技形式，均由此源源不断地进入中国，而上海社会接受新事物后的各种反应也会逐渐普及至全国各地，因此近代上海女伶的登台及其后续发展过程，可以说是近代中国女伶史的缩影，更是全国女性影剧全面发展的早期代表性模式。

近代上海的娱乐界，曾有三类女伶备受瞩目。其流行时间与女伶种类大致如下图。

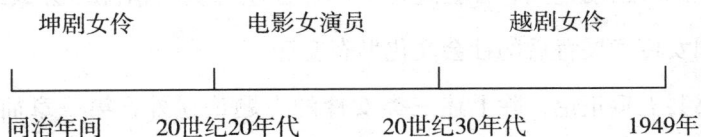

坤剧女伶	电影女演员	越剧女伶
同治年间　　20世纪20年代	20世纪30年代	1949年

大约同治年间起，女伶开始进入上海公共空间，之前一直在"堂会"中表演的"髦儿戏"又名坤剧，频繁在公共空间亮相，且随着昆曲的衰退，坤剧女伶的主要表演戏种也变为京剧。19世纪末坤剧开始大为盛行，上海开设了数家坤剧戏园，此后20余年间都是坤剧女伶的专演剧场。20世纪20年代，中国国产电影崛起，其人气程度迅速压倒京剧成为最受欢迎的娱乐方式，以女演员为中心进行拍摄的"明星制"，推动电影女明星登上流行的顶点。然而很快，战争改变了上海娱乐业的格局，1937年沦陷后，国产电影业主力转移至重庆、香港等地，虽有部分孤岛电影努力维持，但娱乐业的重心又回到舞台，各地方戏争芳斗艳、蓬勃发展，其中全部由女性表演的女子越剧独占鳌头，随之越剧女伶成为新的人气之首。

坤剧女伶、电影女演员、越剧女伶，是如何诞生、怎样成长，她们又通过什么方法获得人气并成为众所瞩目的明星呢？本书尝试解答这一系列问题。

另外，上述发展、变迁过程长达百年之久，且一直与近代上海特殊的社会环境与文化变迁紧密相关。所以，阐明百余年间上海娱乐界人气产业交替变化的背景和原因，无疑是更好地理解近代上海社会与文化的一把钥匙。如上图所示，本书以"女伶"为关键词和主线索，按照时代发展顺序梳理从京剧到电影、从电影到越剧的人气变化过程，分析每一次娱乐流行趋势发生转换的客观原因及其时代发展因素；同时，从戏园的商业经营模式、女演员的职业培训体系、观众的心理把握、战争与政治环境等各个侧面，讨论女伶随着娱乐产业的兴衰而不断发展、前进的职业状态，逐步阐明戏剧（电影）与女伶背后的社会文化背景；并且尽力还原近代上海女伶的生活状态、活动范围、社会地位、职业性质等真实情况，尝试最终揭示近代中国女伶发展背后的社会文化形态变迁。

本书共五章正论，除上述三类女伶的专题论述外，第一章简要梳理、

比较清末之前的妓女与女伶，可算是近代女伶的"前传"，第五章则是在前章基础上专门讨论戏剧中的男女合演与性别反串问题。另有附论一章，对近代中日女性表演的发生与发展过程做一个初步比较，明确不同国家政策、社会环境对戏剧和女伶的发展趋势有何影响。

另，各章节关于"女伶"的称谓略有区别。前近代以戏剧表演为生的女性艺人以及近代以来各种传统戏剧中的女性表演者，概称为"女伶"；而电影以及歌舞剧、话剧等近代舞台剧中的女性表演者，则迎合其近代性的艺术性质，也为了与史料原文相统一，均使用"女演员"这一称呼。

第一章
百年红粉递当场①：前近代中国的妓女与女伶

　　20 世纪 80 年代以来，性别史、妇女史研究不断发展，其中关于女性职业的研究也逐渐受到关注。例如医女、媒婆、尼姑等生活文化研究，使妇女史研究的题材更加丰富多彩②。妓女和女伶也属女性职业范畴。自古至今，妓女这一女性特有的职业从未完全消亡，只是随着时代文明的发展而不断转化着形式。它引起国内外中国史研究者的关注，欧美或亚洲均已有不少精彩的论著。

　　同时，与妓女关联甚深的另一种职业——女伶，其专门研究却较为稀少。研究即使涉及女伶，也基本上是从人类学、社会学或戏剧史的角度进行考察的通论。如民俗学方面有谭帆《优伶史》，戏剧史方面有孙崇涛、徐宏图《戏曲优伶史》，还有王宁等《宋元乐妓考》《昆曲与明清乐伎》等断代女伶史。而在历史学领域、特别从妇女史立场分析女伶的研究尚比较少见。

---

　　① 　出自赵翼《瓯北集》。李斗《扬州画舫录》引用"一夕绿尊重作会，百年红粉递当场"一句以形容"双清班"女伶。

　　② 　李玉珍：《唐代的比丘尼》，学生书局，1989 年。（美）费侠莉：《阴盛——中国医疗史之性别研究（960－1665）》，江苏人民出版社，2005 年。衣若兰：《三姑六婆》，稻乡出版社，2002 年。

马德程《宋代女优的社会地位》①，虽然是专门以女伶为对象的史学研究，但在中国戏曲形成初期的宋代，妓女和女伶尚未有明显区分。妓女研究方面，几乎所有观点均认为中国古代的妓女和女伶处于未分化状态，甚至可视为一体。形成这种认识，是因为封建社会中二者大多以同一社会团体出现并活动。特别是中国戏曲正式形成之前，女伶甚至只能是"女乐"。戏曲艺术成熟后，妓女和女伶也一直有很多共通之处，因此历代文人墨客笔下的女伶基本可归入妓女范畴。元代夏庭芝的《青楼集》、明代潘之恒的《鸾啸小品》等均是记载女伶的文学作品②，但仅仅依靠个别作品还是无法准确了解女伶这一社会群体的全貌。而众多关于妓女的随笔、小说等文学作品中，也含有很多女伶的信息，因此研究古代女伶必须充分活用妓女的史料。

妓女与女伶之间有很多共通点。首先，女伶必须掌握的歌唱表演技能对妓女来说也是非常重要的从业条件，技能的有无、高低，可以大幅左右妓女的人气程度。反过来说，女伶虽然必须依靠演技和唱腔来维持职业，但很多场合又必须如妓女一般卖身。但无论她们有多少共通点，这毕竟是两种不同的职业，那么行业区分和社会定位又在哪里，这是本章要阐明的问题之一。

清代戏曲，继承元明戏曲风格后进一步发展，显示出其独特一面。但对女伶来说，清代是命运多舛的时代，前期被政府所禁，后期回归历史舞台并逐渐与妓女实现分化③。清末京剧的形成与女伶的兴起等戏剧史大事件，对后来的民国以及中华人民共和国的戏剧艺术产生了重大影响。

---

① 马德程：《宋代女优的社会地位》，《中国妇女史论文集》，台湾商务印书馆，1981 年。

② 夏庭芝的《青楼集》，记载了元代著名女伶 107 人，男伶 35 人，戏曲家等 40 余人。明代潘之恒的《鸾啸小品》有戏曲评论和点评女伶的内容。

③ 关于妓女和女伶的分化，学界诸说纷纭。如武舟认为至近代二者才开始逐渐分化（《中国妓女文化史》，中国出版集团东方出版中心，2006 年，330 页），而路应昆则主张自明代即有分化迹象（《中国戏曲与社会诸色》，吉林出版社，1992 年，14 页）。

本章使用的文献主要有清代笔记小说、地方志、日记以及近现代研究者所著的戏剧史资料。特别是清代中叶以后的各种杂记、画舫录，生动记录了大量妓女的生平①，我们可从中窥探出诸多世相。

一　起源与发展

1. "倡伎"与"娼妓"

现代汉语中，"倡伎"与"娼妓"已经通用。翻阅《汉语大词典》，"倡伎"有"古称以歌舞杂戏娱人的男女艺人"和"娼妓"这两种解说。如果换成女字旁，"男女艺人"就变成了妓女之意。由此可以看出艺人与妓女之间密切的历史渊源。

《说文解字》云："倡，乐也"，尚无"娼"字。由字形可知，"倡"字原本并无男女之分，如《汉书·外戚传》"李夫人本以倡进"，可知古时男女艺人均可称"倡"②。"倡"与"俗用为技巧之技"的"伎"组合，就变成了"古称以歌舞杂戏娱人的男女艺人"。

《说文解字》又云："优，饶也。一曰倡也"。清代段玉裁《说文解字注》云："以其戏言之谓之俳，以其音乐言之谓之优，亦谓之倡，实一物也"③。从该字原始意义来看，"倡""俳""优"虽然均指伶人，但似乎分工不同，后来随着戏曲的发展而发生了变化。至清代，已经统一为戏曲表演者之意。所以表演者为女性时，多称呼"女优""女伶""女倡"等。

另外《玉篇》云："娼，婬也"。根据《说文解字》"婬之字今多以淫

---

①　如《板桥杂记》《续板桥杂记》《画舫余谈》《秦淮画舫录》《吴门画舫录》《扬州画舫录》《花国剧谈》《白门新柳记》等。

②　《汉书》卷九十七上，外戚传上。

③　段玉裁：《说文解字注》经韵楼藏版，八编上，29 页。

代之"，可知"娼"字从出现之初即在艺人之外有卖身之意。明代《正字通》云："倡，倡优女乐，别作娼"。综合上述说明，"娼"原本来自"倡"，可知二字同源。

原本只有"妇女小物"之意的"妓"字，《切韵》中云："妓，女乐也"，一般为定论。这样"娼妓"一词与原本"倡伎"有关，且逐渐有了微妙差异，即"娼妓"是女性专用词，包含女性伶人与妓女两种意思。

上述内容自然不是单纯追溯"倡伎"与"娼妓"的区别，更重要的是想证明当代使用的"娼妓"一词除了指卖淫的女性之外，严格来说还有"从事歌舞的女性艺人"之意，这也从另一方面提示我们娼妓职业中的重要因素，即妓女一般与歌舞等文艺技能相关，这也是女伶的基本资质。

当今世界大部分国家法律明令禁止卖淫，特别是中国，"娼妓"一词基本已成为过去式。与此相对，女伶则有了歌手、女演员、文艺工作者等多种荣誉称呼，是为多数女性憧憬、被社会所尊重的正当职业。但在中国古代社会，很长一段时间里女伶与娼妓是作为不可分割的社会团体而存在的，这种情况一直持续到 20 世纪初，因此现在的研究几乎都把二者视为一体。的确，二者之间界限非常模糊，广义上她们都属于"倡伎"，对于卖艺不卖身的女性还可以称"艺伎"或"乐伎"。然而从戏曲史角度来看，具有文艺技能、特别是可以站在舞台上表演的娼妓也可称之为女伶。为了有所区分，后文将主要以卖身为业的女性称为"妓女"，长于艺能、以登台表演为主业的女性称为"女伶"，梳理并讨论二者不可分割的发展史，并尝试阐明其不可分割的原因和历史背景。

2. 妓女的起源与发展

研究中国妓女的历史，首推王书奴《中国娼妓史》。该书写于 1933 年，是中国第一部妓女通史。王书奴通过梳理大量史书、笔记、诗词、小说，较为完整地概括了自娼妓起源到民国废娼运动为止的千年妓女史，是古代妓女研究的重要资料。下面以此书为基本资料，并参考相关研究简单概括妓女的发展史。

关于娼妓的起源，诸说不一。王书奴认为中国与西方各国相同，娼妓起源于宗教。殷代巫女集才情色艺于一身，在当时经常作为"巫娼"活动。汤王设立宫刑的目的，据说也是为了防止官僚沉迷于巫娼不可自拔。西周进入父系社会和奴隶社会，作为奴隶被使用的"官婢"必然成为男性统治者的性奴隶。所以有观点认为，妓女的类型之一"官妓"即由此开始。春秋初期，齐国管仲设立"女闾"①，一般认为这是娼妓经营之肇始。春秋时期擅长歌舞的女性团体"女乐"得到很大发展，并成为妓女的主力军，据说当时诸侯之间流行互赠"女乐"，以此来迷惑敌方君主、贵族，达到削弱对方国力的目的。

战国时期，民间的妓女业扩大。《史记·货殖列传》云："今夫赵女郑姬，设形容，揳鸣琴，揄长袂，蹑利屣，目挑心招，出不远千里，不择老少者，奔富厚也"，这种私娼似乎已与后世的低级妓女无太大差别。汉武帝在军营设立"营妓"为兵士提供娱乐，聚集了擅长歌舞的女性，其实是继承并发展了"女闾"。除此之外，两汉时期的"官奴婢"由女性犯罪者充当，是另一种形式的妓女。

至魏晋南北朝时期，妓女有了新的变化。北魏年间"乐户"一词初现②，《魏书》中的所谓"乐户"即"女乐"，此即后世娼妓与优伶同属乐

---

① 关于娼妓的起源，各学者有不同见解。朱云影认为娼妓起源于女闾（《人类性生活史》，上海社会科学院出版社，1988年），武舟则认为娼妓起源于夏商时代的女性奴隶，见前注。

② 《魏书·刑罚志》"诸强盗杀人者，首从皆斩，妻子同籍，配为乐户。其不杀人，及赃不满五匹，魁首斩，从者死，妻子亦为乐户。"

籍之肇始。犯罪者的女性亲属皆入乐户，被迫出卖色艺。另外，这时"家妓"也非常流行。所谓"家妓"，即家族中豢养的妓女，必须要擅长歌舞、乐器，但比妾的地位要低。然而似乎是为了迎合当时的奢侈世风，受宠家妓的物质生活极尽奢侈，如曾为石崇跳楼自杀的绿珠即属家妓。

唐代盛世，"官妓"与"家妓"共同繁荣。"官妓"是为官僚和百姓提供服务的妓女，其乐籍最早隶属太常寺，后转移到教坊司，因此后世"教坊"一词成为妓院的代名词之一。唐代妓女最显著的特点是不重色，而以"诙谐言谈""音律""居住及饮食"这一顺序进行评判①。唐代开放包容的文化背景下，妓女特别是高级妓女都具有一定程度的文学修养，如女诗人薛涛，即为对后世文学、文化生活产生重大影响的妓女之一②。

五代与唐代基本相同，至两宋开始出现变化。特别是在都市文化高度发达的南宋，"瓦舍""勾栏""歌馆"等新的妓女聚集地一片繁荣，往来于各地的妓女数量不断增加。唐宋年间的"家妓"也长盛不衰，多数士大夫都豢养家妓，有时女尼、女冠也出卖色相。

元代杂剧和戏曲风靡一时，妓女也随社会形势改变了存在状态。元人评价妓女的标准只有"弹唱歌舞"，可以说这是妓女和女伶最为接近的时期。《青楼集》中的女性均为优秀的表演艺术家，其佼佼者甚至会作曲或创作杂剧。然而她们的结局都很悲惨，或出家为尼，或委身为妾。

明代妓女也很繁盛。朱元璋建国初期诛杀功臣，相关女性家属全部入乐籍，所以明初妓女人数大幅增加。明中后期，妓女增长势头不减，甚至可以用"今时娼妓，布满天下"来形容③。当时的金陵（即南京）是中心

---

① 王书奴：《中国娼妓史》，上海生活书店，1935年，77页。
② 薛涛是唐代名妓和著名女诗人，著有诗集《锦江集》，其发明的纸张称"薛涛笺"，沿用后世。
③ 谢肇淛：《五杂俎》"今时娼妓，布满天下，其大都会之地，动以千百计"。

地区，秦淮河的繁华夜景与香艳轶事至今仍被人们津津乐道。扬州的瘦马事业也为妓女群体提供了大量后备人员①。这种异常繁华之中，涌现出柳如是、李香君等名留青史的妓女。

3. 女伶的起源与发展

关于女伶，目前似乎尚未有系统性的历史研究，其原因如前所述，一是因为关于女伶的史料稀少，二是因为女伶与妓女的界限过于模糊。"演戏这一行业，可说是形形色色变化多端，由飘忽不定的漫游者到寄迹高门大家中之仆人，也由遭受虐待的僮奴到受很多人拜倒的青楼中人"②。所以下面参考民俗学者和戏剧学者对女伶的论述来回顾其发展历史。

日本学者青木正儿认为，中国戏剧的发展经过了两条路径，"其一是王公贵族的娱乐，其二是祭祀神明时的表演。前者为倡优，后者为巫。倡优为乐人"③。由此可推论，在古代巫之舞中担任主角的巫女，既是女性乐人，也是女伶最古老的前身，这与王书奴的观点相似。因此，我们即使不能得出妓女与女伶同出一源的结论，也可以判断二者的发生背景其实非常接近。所以说，在中国传统戏曲艺术完全成熟以前，是无法严格区分妓女和女伶的。

首先，在戏曲未成形的时代，"女乐"是最主要的女性艺人，所以可以将她们看作是那个时代的女伶。最早有"女乐"记载的是夏朝，"昔者桀之时，女乐三万人，晨噪于端门，乐闻于三衢"，说明奴隶社会已经存在以歌舞为专业的女性奴隶，据说商纣王也乐于蓄养女乐，"夏桀商纣，

---

① 参考高彦颐《闺塾师——明末清初江南的才女文化》，江苏人民出版社，2005年，第七章"豢养瘦马"。

② Colin P. Mackerras 著、马德程译：《清代京剧百年史》，中国文化大学出版社，1989 年，55 页。

③ 《青木正儿全集》第三卷，东京春秋社，1972 年，9～10 页。

作为侈乐，大鼓、钟、磬、管、箫之音，以巨为美，以众为观"①。

春秋时期，《礼记·乐记》云："今夫新乐，进俯退俯，奸声以滥，溺而不止"，可知当时是男女混合表演的。汉代宫廷伎乐盛行，之后的魏晋南北朝如前所述，"家妓"同时也是女伶，与后来明清时代流行的"家班女乐"较为相似。唐代流行"歌舞戏"和"参军戏"②，这两种演出形式是中国戏曲的雏形。唐玄宗喜爱音乐，设立"梨园"，从此也称男女优伶为"梨园弟子"。《教坊记》中记载的诸多女性，在表演技艺方面已经初步呈现女伶的素质。

宋代戏曲继续发展，逐渐形成"生旦净末"的角色原型。随着戏曲成为一种独立的艺术形式，宋代女伶更加接近"倡优"本质。《武林旧事》记载的杂剧各种角色中，很多女性活跃非常③。除了戏曲，技击、角觝等"百戏"里也随处可见女性的身影。本意为戏院的"勾栏"一词，也在此时成为妓院的代名词，这也从侧面说明卖艺的女性多兼妓女。

元代《青楼集》中记载了很多优秀女伶，潘光旦曾在《中国伶人血缘之研究》中说到："女伶虽往往兼做娼妓但嫁人生子的也有，有的从良、有的嫁同行……她们的生活究竟和一般的青楼女子有别……她们所扮演的角色也有很多变化"④。随着戏曲走向成熟，优伶的生存体制也逐渐完善，诞生了专门性的组织。专业女伶从妓院中分离出来，开始以转战各地的"戏班"形式进行表演活动。虽然妓女色彩仍然浓重，但女伶这一新职业

① 《管子·经重甲》"昔者桀之时，女乐三万人，晨噪于端门，乐闻于三衢"。《吕氏春秋·侈乐》"夏桀殷纣，作为侈乐，大鼓、钟、磬、管、箫之音，以巨为美，以众为观"。

② "歌舞戏"以歌曲和舞蹈为主，"参军戏"以表演和台词为主，二者均是中国戏曲的雏形。

③ 周密：《武林旧事》，卷六"瓦子勾栏""歌馆"。

④ 《潘光旦文集》第二卷，北京大学出版社，2000年，106页。

开始被人们所认知。

明代有不少女伶在文人笔下留下倩影。杭州女伶商小玲在扮演《牡丹亭》主角杜丽娘进行表演时，在舞台上倒地身亡①。张岱《陶庵梦忆》里记载了朱楚生等著名女伶，潘之恒《鸾啸小品》《亘史》里也有多名女伶演技与生平记录。明清时期，"家班女乐"这种新的娱乐形式极为流行。虽然严格来说"家班女乐"应该隶属于家妓范畴，但某些"家班女乐"的表演艺术水平已经非常高，对当时的戏曲发展有一定影响，侯方域、张岱、阮大铖等人豢养的"家班女乐"在当时的文人之间得到高度评价。家班里的女伶是主人的私有物，可以随意赠送。

二　清代妓女与女伶

上一节简单概括了明代之前中国妓女和女伶的历史。在清代，这两个极为相似的社会集团发生了很大变化。雍正帝对"乐户"等贱籍进行了改革，法制上存续了千年之久的"乐籍"制度被废除②。王书奴认为，唐代至明代为"官妓鼎盛时代"，与之相比清代则是"私人经营娼妓时代"，即明代之前的制度里，官方管制下的妓女和女伶是主要力量，且政府禁止通过人身买卖将良民转化为妓女或女伶。当然清代法律也禁止"卖良为娼"③，但仅仅靠废止"乐籍"，并不能解决大量妓女和女伶的生活问题，所以之前隶属乐籍的女性们，即使有了新户籍，其现实生活仍没有本质性变化④，为

---

① 焦循：《剧说》第六卷，广文书局，1970 年，108 页。

② 《清朝文献通考》卷十九，户口一。

③ 《大清律例》（乾隆五年刊本）三十三卷，刑律犯奸、卖良为娼。

④ 关于雍正帝的贱民解放，参考寺田隆信《雍正帝の賎民開放令について》（《東洋史研究》第 18 卷第 3 号，1959 年），岸本美绪《雍正帝の身分政策と国家体制》（《中国の歴史世界》收录，东京都立大学出版会，2002 年）。

了生存只能隐秘地重操旧业。而且雍正帝之后的皇帝均放任娼妓活动，"令虽行而禁不止"，所以清中期以后的"私娼""私妓"达到顶峰。

就这样，因为"乐籍"的废止，妓女和女伶从官方管理下"解放"出来，在地方社会自主秩序和固有习俗下继续生存，下面主要论述清代地方社会中妓女和女伶的存在状态。

1. 出身与婚姻

如前所述，《魏书》首次出现"乐户"之后，至清代雍正帝，乐籍一直是一种特殊的贱民户籍。明代因为初期大规模诛杀功臣，收编罪犯家属的乐户无论是人数还是组织都达到了顶峰。清朝最初沿承明代旧制，《大清律例》也继承了《大明律》关于乐户的规定，宫廷中也有女乐。然而如《大清会典》云："顺治初，俱作丹陆大乐，用领乐官妻四名，领女乐二十四名……八年，改用太监四十八名。十二年，复用女乐四十八名"①。自顺治年间起，清廷不断下令整顿或淘汰宫廷女乐，直至雍正帝彻底改革贱籍。

清代戏曲艺术有了进一步发展，但因为清廷的政策，男伶在舞台上占据了绝对优势。特别是色艺俱佳的男旦风头愈来愈盛。因此与明代相比，文献资料中关于女伶的记录更加稀少，当然这绝不意味着妓女和女伶消失了。下面先从资料较多的妓女着手了解清代的情况。

雍正帝发布政策之前，社会上公开活动的是拥有乐籍的官妓②。与之相对，没有乐籍、瞒着官府私下活动的妓女属私妓或私娼。乐籍废止后，两种妓女合并队伍更加壮大，18 世纪前后的南京、苏州、杭州、广州等大

---

① 康熙《大清会典》卷七十一。
② 关于乐籍，参考俞正燮《癸巳类稿》卷十二"除乐户丐户籍及女乐考附古事"。虽然法律上废除乐籍，但民间依然惯性使用，当时的文献中多出现"乐籍""乐户""花籍"等类似称呼，均指妓女和女伶。如清末龚自珍曾著《京师乐籍说》一文。

城市里的妓女行业极其繁荣，妓女在画舫接客的习俗风靡一时，著名的《秦淮画舫录》《续板桥杂记》等均是记载这一时期妓女盛况的文学作品。妓女根据出身地分为"苏帮""扬帮""京帮"等团体，互相竞争。太平天国之后，因南京等地"禁娼"①，上海的娼妓业繁盛起来，一时间成为妓女最多的地区。至清末，连禁娼最严格的北京也有大量妓女公然营业，《白门新柳记》《花国剧谈》等作品即此时期完成，此类作品的大量出版也从侧面说明了妓女的人数之多。

乐籍废止后，妓女的主要供给源是人身买卖。因贫穷而被卖为妓女的事例比比皆是，另外还有被丈夫或公婆买卖的，被人牙子或流氓拐骗的，甚至还有向往高级妓女的奢华生活自愿为妓的，虽然比例较少但确实存在。

女伶的来源与妓女大同小异。《红楼梦》第五十八回讲太妃去世，各官宦人家纷纷遣散家班女乐，贾府王夫人也"将十二个女孩子叫来面问，倒有一多半不愿意回家的：也有说父母虽有，他只以卖我们姊妹为事，这一去还被他卖了，也有父母已亡，或被叔伯兄弟所卖的，也有说无人可投的，也有说恩恋不舍的。所愿去者止四五人"②。可知大多数家班女伶也跟妓女一样被强迫买卖的情况居多。需要注意的是，这样的家班女伶是与乐籍无关的，一旦进入家班，其户籍即归入家主名下，以奴婢或妾侍身份登记。

再看妓女和女伶的婚姻。她们的婚姻基本有几种固定形式，"娼优卒隶"四种贱籍在法律上受各种限制，包括婚姻。《大清律例》"凡官吏娶乐

---

① 《太平天国文书汇编》（中华书局，1979 年）"娼妓最宜禁绝也。男有男行，女有女行。男习士农工商，女习针指中馈。一夫一妇，理所宜然。倘有习于邪行，官兵民人私行宿娼，不遵条规开娼者，合家剿洗，邻佑擒送者有赏，知情故纵者一体治罪，明知故犯者斩首不留"。

② 曹雪芹：《红楼梦》，第五十八回"杏子阴假凤泣虚凰，茜纱窗真情揆痴理"。

人为妻妾者，杖六十，并离异。若官员子孙娶者，罪亦如之"①。不仅中上阶层，甚至与一般平民的通婚都是被禁止的，因此只能贱籍内部通婚。对妓女来说，靠一己之力赎身或者被客人赎身而从良似乎是唯一的出路。然而从良之后是否一定能够有圆满的结局，像唐代传奇《李娃传》或明代话本《卖油郎独占花魁》的主人公那样得觅良人并成为正室夫人的事情是否真实存在呢？笔者翻阅各种妓女传记或相关文字记录，发现妓女无论是哪种方式从良，均没有能够成为良民正室的例子存在。最多是"簉室""小星""如夫人"，如能"宠擅专房"就算是最好的结局了。而从良妓女即使为妾，也与良民出身的妾不同，曾为妓女的烙印会追随其一生。

妓女和女伶的婚姻，即使在其团体内部也有很多约定成俗的制约。专业女伶的命运掌握在班主手中，或者被卖为妾，或者年老后成为教授年轻妓女或女伶的技师。与妓女一样，女伶出身的妾不可能成为正室，甚至作为妾侍的地位也很不稳定。家班女伶也完全是主人家的从属，或为妾或被赠送，或如《红楼梦》的芳官等人一般出家。

除了为妾，贱民内部通婚也是比较常见的，《优伶史》称女伶和男伶的婚姻为"内群婚配"。根据潘光旦的研究，因为自古优伶即无法与其他阶级通婚，所以导致优伶间的血缘关系较为密切，优伶夫妻之间的孩子无法参加科举，所以一般也会继承家学成为优伶，或者经商等其他行业。还有很多妓女嫁给男伶，因为男性集团游乐时，作为娱乐提供者，优伶演戏，妓女侍酒，二者接触机会较多，且同属贱籍，所以经常缔结婚姻关系，也因此两种职业的关系比较密切。如"王秀瑛，适伶人张七，以母命，非本志也""徐二宝，其夫为梨园领袖"②"李小香，本姓杨……藁砧

---

① 《大清律例》（乾隆五年刊本）十卷，户律婚姻，娶乐人为妻妾。
② 珠泉居士：《续板桥杂记》，《香艳丛书》第十八集卷一。

乃梨园佳子弟,姬故亦工生旦曲""朱芸官……其父元标为清音小部,姬故度曲,独能冠其曹"① 等,从诸多记录可知,古代娼优之关系极为密切。

2. 职业状态与文艺技艺

妓女最基本的职业内容即为男性提供性服务,除此之外还有很多附加服务,如"征歌""侑酒",以及宴会的陪伴等,均属妓女的工作范围。根据这些服务的优劣可以决定妓女的档次。被称为名妓的妓女,基本上都在容貌之外掌握着优秀的文艺技能。

男性文人作品中的各种妓女形象,一般来说技艺越多,档次就越高。在各种《画舫录》以及描写妓女的作品中,"工琵琶""度昆曲""精音律""知音识曲""能操琴""善歌舞"等形容词随处可见。作者一般会首先赞美妓女的容貌,然后褒扬其技艺。妓女最常用的乐器是琵琶,另有胡琴、筝、箫等,如果"善歌舞"那更是锦上添花。如《白门新柳记补记》记录妓女 38 人,使用上述语言赞美其表演技艺者 16 人,《秦淮画舫录》134 人中的 31 人、《吴门画舫录》57 人中的 10 人、《吴门画舫录续录》28 人中的 11 人、《花国剧谈》58 人中的 28 人,均被着重赞赏其高超的文艺技能。总而言之,如果妓女不具备文艺技能,基本无法进入高级妓女的行列,其待遇和收入也会有天差地别。

女伶的职业情况稍显复杂,她们的主要工作内容是表演封建社会受众最广的娱乐——戏剧。

戏剧对表演者专门技艺的要求是比较全面的,其基本要素"唱念做打"即体现出严格的技能标准,戏曲特有的动作和唱腔,也与妓女所掌握的歌舞、乐器等侧重点有所不同。例如"花面"等男性角色的扮演,要求女伶模仿男性气质以及宽厚的嗓音唱腔,是较难的技艺挑战。但与妓女不

①　《秦淮画舫录》,《香艳丛书》第十四集卷三。

同的是，女伶无须掌握任何乐器的使用，因为有专门的乐师负责演奏戏曲，舞台上逼真的演技与动人的唱腔才是女伶的评价标准。

清代女伶主要分"家班女乐"和职业戏班两种。

"家班女乐"，即专属某个家庭的女伶，一般只为家族成员服务，无须外出表演。家族内的宴会、婚庆、丧葬等很多场合都会有家班女伶出现。当然蓄养女伶需要相当的财力和人力，所以现在留有文字记录的几乎都是贵族、官僚、文人的家班女乐。另外精通戏曲的文人或戏曲家豢养的女乐一般具有较高的艺术水准，如清初戏剧家李渔的家班享誉四方，这与家主本身的戏剧素养是分不开的。李渔培育了很多家班女伶，最有名的是乔复生和王再来二人①。还有查继佐的家班也很有名，因为查氏夫妇本身即为优秀的戏曲家②。除了繁华的江南，有文还记载了广西土家族统治者之间盛行家班女乐的情况③。但无论家班女伶的技艺高低，她们在家庭中都属专司戏曲的女婢，与南北朝时期流行的家妓一样，一般无法拒绝为家族内男性成员提供性服务，如乔复生17岁就生下了李渔的女儿。家班多女伶，不仅因为她们的内庭演出非常方便女眷观戏，也许还因为她们可以同时承担妾侍的功能。

另外一种专业女伶即戏班女伶，她们与家班不同，需要往来于各地方，随戏班巡回演出。这种戏班的典型记载见于《扬州画舫录》顾阿夷的"双清班"④。作者李斗详细记述了班内女伶的名字和角色，除顾阿夷外，另有其女顾美等女伶20人，男伶2人，背景5人，教师2人，服装、锣鼓

①　李渔的"家班女乐"因为生计经常赴各地演出，但这是比较特殊的事例，并不能看作普遍情况。关于二位女伶，参考李渔《乔复生王再来二姬合传》（《李渔全集》，浙江古籍出版社，1991年）。

②　焦循：《剧说》第六卷，广文书局，1970年，78～79页。

③　高润身主笔：《容美纪游注释》，天津古籍出版社，1991年。

④　李斗：《扬州画舫录》，学海出版社，1979年。

等4人。女伶们可以饰演剧中所有角色,主要在扬州周边演出。另《画舫余谈》记录有"小华林班",虽然只简单介绍了班里的人气女伶及其拿手剧目,但从字里行间可以感受到女伶技艺似乎已经相当成熟①。《红楼梦》第四十三回讲凤姐过生日,尤氏说自家的戏班不用花钱,可王熙凤却说"咱们家的班子都听熟了,倒是花几个钱叫一班来听听罢"。《醒世姻缘传》的主人公之一珍哥就曾从属于女子戏班往来各地,最终嫁入富豪家为妾。《黄竹子传》是女伶黄竹子的传记,有云"是时,云中女伶极盛"②。《品花宝鉴》中喜爱男伶的华公子曾云"女戏子也是常有的"③。从这些记述来看,虽然文献记录较少,但隶属于专业戏班的女伶无疑一直活跃于民间各地。

古代女性一旦从事妓女或女伶的工作,其一生必定已与良家妇女无缘,因为这完全违反了中国传统思想观念中儒家为女性设定的生活范围。中国男性所承认的女性职业,除了相夫教子之外只有女工。而妓女和女伶则必须要接受文艺技能的训练,是几乎没有机会接触女工的。如《红楼梦》贾府解散戏班后女伶们分到各处为婢,"众人皆知他们不能针黹,不惯使用,皆不大责备。其中或有一二个知事的,愁将来无应时之技,亦将本技丢开,便学起针黹纺绩女工诸务"④。

高彦颐曾总结:"平民女儿为其一生作艺人或妾而准备的教育,则较少系统性和更为实用,所学的内容更向歌曲、故事和戏剧倾斜"⑤。职业内

---

① 捧花生:《画舫余谈》,《笔记小说大观》五编六册,江苏广陵古籍刻印社,1983年。
② 吴兰修:《黄竹子传》,《笔记小说大观》五编八册,江苏广陵古籍刻印社,1983年。
③ 陈森:《品花宝鉴》,第二十六回"进谗言聘才酬宿怨 重国色华府购名花"。
④ 曹雪芹:《红楼梦》,第五十八回"杏子阴假凤泣虚凰 茜纱窗真情揆痴理"。
⑤ 高彦颐:《闺塾师》,279页。

容还决定了古代女性的社会地位，"勤勉地从事生产性劳动，尤其是纺线和织布——对于上层妇女而言还有刺绣，对于无论什么阶层的妇女来说，都是有妇德的表现。懒惰的女人给人的印象是放荡，这有损她在婚姻市场和家庭中的地位。娼妓和从事演戏一类职业的妇女由于不事纺织、则肯定属于最低贱的阶层"①。

3. 妓女与女伶的一体性

对于妓女来说，歌舞当然是重要的从业技能，戏曲更可以成为吸引客人的手段，实际上妓女也确实有很多擅长戏剧者。清初余怀《板桥杂记》云："尹春，字子春。专工戏剧排场，兼擅生、旦。老梨园自叹弗及"②，《十美词记》也说："陈圆者，女优者……常在予家演剧，流连不去"③。文中提到的陈圆即明末名妓、吴三桂之妾陈圆圆。明末清初的名妓擅戏曲者不在少数，"然名妓仙娃，深以登场演剧为耻，若知音密席，推奖再三，强而后可，歌喉扇影，一座尽倾。主之者大增气色，缠头助彩，遽加十倍"④。所以虽然可以获取更多财富，但名妓似乎对人前演戏持消极态度。

清初战乱平息后，一度衰微的妓女行业又开始恢复生机，虽无法达到明末名妓如云的盛况，但妓女对演戏的抵触情绪似乎仍然存在。乾隆年间的《续板桥杂记》记载："河亭设宴，向止小童歌唱，佐以弦索笙箫。年来教习女优，凡十岁以上，十五以下，声容并美者，派以生旦，各擅所长。装束登场，神移四座，缠头之费，十倍梨园。至于名妓仙娃，亦各娴

---

① 曼素恩著，定宜庄、颜宜葳译：《缀珍录——十八世纪及其前后的中国妇女》，15 页。
② 余怀：《板桥杂记》，《香艳丛书》第十三集卷三。
③ 邹枢：《十美词记》，《笔记小说大观》五编五册，江苏广陵古籍刻印社，1983 年。
④ 余怀：《板桥杂记》，《香艳丛书》第十三集卷三。

法曲，非知音密席，不肯轻转歌喉"①。清代名妓虽然不再像明末的"名妓仙娃"那样以人前演戏为耻，但好像还是心存顾虑。

至嘉庆年间，情况似乎有了些许变化。嘉庆十一年（1806 年）完成的《吴门画舫录》②记载，"杜凝馥，字宛兰……能演剧，擅生旦，有尹子春之风""张凤龄……工演剧，结束登场，极妍尽态，啼笑皆真，虽梨园弗及也"。此外，"陈桐香……工演剧，俗谓花鼓戏者是……往来吴越间，所识多豪门右族，贵戚公子。或买舟向村落，居人敛钱演剧，士女如云"。名妓与权贵之人交往的同时也会到各地演戏，这种行为其实与职业戏班的女伶无甚区别，赚钱成为主要目的，名妓之尊严似乎不再重要。嘉庆二十二年（1817 年）的《秦淮画舫录》③记载，"杨龙，字宛若……与润香同以音律见称，又各领小清音一部。润香为九松堂，姬为四松堂"。"清音"即昆曲中的"清唱"，与正式的昆腔戏曲相比稍显简单，我们可以理解为杨龙和润香两人各自带领着一个小型戏班。除此之外还有"朝霞，翩翩雅度，昆曲绝佳，工演生旦剧，盖尹子春之流"，几部画舫录中经常出现的尹子春是明末秦淮名妓，尤以擅戏曲闻名，俨然已成为后世代名词。同治年间，《白门新柳记》则有记述："大宝龄，广陵人……旧在金陵演剧，把大花面，声若洪钟，《红楼梦》中之葵官也。来金陵，遂不演剧"④，这是专业女伶向妓女的转变，两种职业间的无障碍自由切换可见一斑。光绪年间的《花国剧谈》云："文秀，字惠卿……姬善歌舞，登场演剧，尽致极妍"⑤ 等，诸如此类的记载不胜枚举。

---

① 珠泉居士：《续板桥杂记》，《香艳丛书》第十八集卷一。
② 西溪山人：《吴门画舫录》，《香艳丛书》第十七集卷三。
③ 捧花生：《秦淮画舫录》，《香艳丛书》第十四集卷三、卷四。
④ 薛时雨：《白门新柳记》，《香艳丛书》第十八集卷二。
⑤ 王韬：《花国剧谈》，《香艳丛书》第十九集卷一。

综上所述，明末清初妓女和女伶之间应该仍有一定距离，但随着时代的推移，这个距离似乎在不断缩小。以上列举的人物均是正式站在舞台上演出的妓女，其余"工昆曲""擅演剧"之人数更多。

再看女伶，同样存在与妓女相似的地方。如前所述，"家班女伶"为家庭内的男性提供性服务，范围较小，而普通专业戏班的女伶则通常兼任妓女。如《醒世姻缘传》中珍哥所属的女戏班，女伶们经常从事卖身的工作，只是她们接客的方式不像妓女那样有固定形式，也没有固定收入，视所到之处的情况而定。以小说中的女戏班为例，除了提供钱财的富豪，连下人也能成为她们的"恩客"。"再说小珍哥从那未嫁晁源之先，在戏班中做正旦的时节，凡是晁源定戏，送戏钱，叫了来家照管饮食，都是晁住经手，所以那全班女子弟连珍哥倒是有一大半是与晁住有首尾的"①。《海上花列传》中女扮男装的女伶姚文君被客人看中，于是便从事陪酒工作，加入妓女的行列②。《浮生六记》作者沈复家里可以随时召唤女伶，也可以随意触摸她们的身体。所以前近代女伶的工作并不仅仅是在舞台上演出，本职工作结束后还要按照客人的要求提供各种服务，当然也包括性服务。

将清代女伶的生存状况表现得最为淋漓尽致的，是李渔小说《连城璧》中《谭楚玉戏里传情　刘藐姑曲终死节》一篇③。如"别处的女旦，就出在娼妓里面，不过借做戏为由，好招揽嫖客"所描述的，公共场合的戏曲表演被认为是妓女招揽客人的手段之一。按照李渔的说法，女伶通常都有家庭，丈夫多是男伶，但也存在"就是与人相处过了，枕席之间十分缱绻，你便认作真情，他却像也是做戏，只当在戏台上面，与正生做几出风流戏文。做的时节十分认真，一下了台就不作准""要晓得此辈的心肠，

① 西周生：《醒世姻缘传》，第四十三回"提牢书办火烧监　大辟囚姬蝉脱壳"。
② 韩邦庆：《海上花列传》，第三十四回"沥真诚淫凶甘伏罪　惊实信仇怨激成亲"。
③ 李渔：《连城璧》，上海古籍出版社，1992年。

不是替丈夫守节,全是替丈夫挣钱。不肯替丈夫挣小钱,要替丈夫挣大钱的意思"的情况。虽然这些故事被写成小说,背景也多限定于南方地区,但出自游览全国、一生与戏剧、女伶紧密相连的李渔之口,想必是建立在其亲身经历基础上的事实投影吧。

总而言之,清代女伶沿袭历史传统,继续兼职娼妓,只是形式有所不同。妓女在妓院通过话术、歌舞吸引男性,而女伶则通过戏曲即演技和唱腔来收获钱财。

4. 女伶的社会形象

如前所述,前近代的女伶与妓女几乎可以浑然为同一社会团体,但女伶身上具有的妓女性质会对她们的事业产生影响,即女伶和妓女给人的印象还是有所不同的。

首先从工作性质和内容来看,她们都不可避免地被看作是"淫乱"的女性。文学作品中出现的女伶,大多是反面角色,如《醒世姻缘传》《姑妄言》两部世情小说中出场的女伶均是淫乱之极。如果小说内容尚有虚构成分,那么脂砚斋对《红楼梦》龄官的批注则可代表部分人对女伶的认知。"按近之俗语云'能养千军,不养一戏。'盖甚言优伶之不可养之意也。大抵一班之中,此一人技业稍优出众,此一人则拿腔作势,唬众恃强,种种可恶,使主人逐之不舍,责之不可。虽欲不怜,实不能不怜,虽欲不爱,实不能不爱。余历梨园弟子广矣,个个皆然。亦曾与贯养梨园诸世家兄弟谈议及此,众皆知其事,而皆不能言。今阅《石头记》至'原非本角之戏,执意不作'二语,便见其恃能压众,乔酸娇妒,淋漓满纸矣。复至'情悟梨香园'一回,更将和盘托出,与余三十年前目睹身亲之人,现形于纸上"[①]。

---

① 《戚蓼生序本石头记》卷二,十八回"庆元宵元春归省　助情人林黛玉传诗"。

无论是专业优伶还是"家班优伶"，在古代中国社会的娱乐生活中都是不可或缺的。优伶们（男女伶）出色的演技和姣好的容颜自然会吸引男性的目光，但对待女伶，具有社会支配权的男性心理却是矛盾的，既存在由情欲而生的宠爱，心里又不可避免地轻蔑或嫌恶，所以只能把优伶的魅力当作自己"不能不怜""不能不爱"的借口。以现代眼光来看，龄官拒演《游园》《惊梦》非本色戏的行为可以理解为对表演艺术的执念，或者对自己微小自尊心的保护，但对当时上层阶级的人而言只不过是"拿腔作势，唬众恃强"罢了。"乔酸娇妒"是除了"淫荡"之外被扣在女伶头上的又一个帽子，这种观点也许与曹雪芹的真正思想有所出入，但应该也具有一定社会代表性。

除此之外，当然也有对女伶持同情和怜悯态度的人，在曹雪芹、李渔、沈起凤、乐钧等人笔下均有此种情怀。他们之所以怜悯女伶，首先因为自身皆是杰出的戏曲家，与女伶接触较多，对女伶的了解也较他人更加真实。李渔在小说中描述了优伶夫妇饱尝艰辛的爱情故事，特别大力称赞了女伶刘藐姑的忠贞。沈起凤的笔记小说《谐铎》中《死嫁》一节，记述了女伶磐儿殉情而死①。乐钧也为《雪如小传》中女伶雪如的刚正气节和不得善终的结局而泪洒衣襟。雪如的一句"不畏死岂畏贫乎"不仅被收录在《优语集》，至今仍被作为佳话广为流传②。然而换个角度看，这些同情和赞美都是针对女性受命运摆布的悲惨身世或为心上人赴汤蹈火在所不辞的决心，最重要的是这些女主人公均深爱一人、至死不渝。这本该是良家妇女的素质，也是男性心中的理想女性所应具备的基本素质。妓女和女伶原本从事的是卖身卖笑的工作，而其中一旦出现矢志不渝的贞节烈性女

---

① 沈起凤：《谐铎》卷八《死嫁》。
② 任二北编著：《优语集》，上海文艺出版社，1981年，卷七，清上，184页。

子，立刻就会变成男性文人赞美的对象，而且这些女性往往都结局悲惨。如此考虑的话，以上少数几个赞美女性的例子也并不能说明男性对女伶的看法有所改变。男性文人在歌颂从花街柳巷走出来的"烈女"时，忘记了他们才是这些女性的金主。

《红楼梦》中关于十二官的篇幅很多。第六十回赵姨娘叱骂芳官："小娼妇养的！你是我们家银子买了来学戏的，不过娼妇粉头之流，我家里下三等奴才也比你高贵些"[①]。借赵姨娘之口，体现出良家妇女对女伶的印象，即使做了一天的"戏子"，下贱的身份就终生不变。而一旦坐实了下贱的身份，不管有无事实，十几岁的小姑娘也会被扣上"娼妇"的帽子。第七十回王夫人说："唱戏的女孩子，自然更是狐狸精了"[②]。除此之外，芳官的干娘、贾府的中年仆妇也有类似说法，"怪不得人人都说戏子没一个好缠的，凭你什么好的，入了这一行，都学坏了"[③]。从主子到下人，家中所有女性对女伶都持"淫荡""下贱"的印象。

针对这种情况，芳官进行了反驳："我就学戏，也没在外头唱去。我一个女孩儿家，知道什么'粉头''面头'的"。这段话中芳官强调的是自己没有在家族以外演出的经历和自己还是"女孩儿"的事实。在家族内的演出尚未超出"内帷"的范围，但既然唱戏，即使没有卖身行为，在舞台上表演的时候也会被人看到身体姿态，这也归类于"娼妇"行为了。对活动于内帷的"家班女伶"尚是这种态度，在外流动表演的女伶自然被与妓女等同视之。可以说，清代"女伶＝妓女"的印象根深蒂固。

那么女伶与妓女之间是否还有优劣之分呢，李渔的话或许能给我们一些提示。"天下最贱的人，是娼优卒隶四种。做女旦的，为娼不足，又且

---

① 曹雪芹：《红楼梦》，第六十回"茉莉粉替去蔷薇硝　玫瑰露引来茯苓霜"。
② 曹雪芹：《红楼梦》，第七十回"林黛玉重建桃花社　史湘云偶填柳絮词"。
③ 曹雪芹：《红楼梦》，第五十八回"杏子阴假凤泣虚凰　茜纱窗真情揆痴理"。

为优，是以一身兼二贱了"①。宋代洪迈认为："俳优侏儒，固伎之最下且贱者"②。清代俞蛟也曾说过："天下之至微极贱者，莫优伶若矣"③。近人潘光旦研究："倡优并称，原是一种很古老的习惯，但称谓上优既列在娼后，事实上优的地位也并不及娼。据说以前在相公的风气很盛的时代，伶人对妓女相见时还得行礼请安，理由是妓女一旦从良，前途还有受诰封的希望，做戏子的连这一点都没有，所以就永远没有翻身的日子"④。这些也许就是"然名妓仙娃，深以登场演剧为耻"的原因。对于标榜孤高的名妓来说，演戏应该是一种自降身份的行为。简言之，女伶和妓女虽然同样是身份卑微的女性，工作和生活上也有很多共通点，但因为历史背景和职业的特殊性，女伶的社会形象和地位还要稍低于妓女。

三　清末女伶

清末民初，中国社会开始近代化转型。原本有许多共通之处、几乎密不可分的妓女与女伶，也在这个动荡的时期里悄悄发生了变化。妓女有了很多形式上的改变，而女伶这个职业则开始有与妓女行业分离的倾向。因此可以说自晚清起，女伶与妓女逐渐走向分化。

1. 旗人女伶的出现

晚清以前，无论是男伶还是女伶，都不可能会有特权阶级——旗人的身影。因为清朝历代皇帝不仅对演戏和优伶制定了各种规章禁令，还对旗人出入梨园有严格的监管。但至清末，已经有旗人成为京剧女伶，其中最

---

① 李渔：《连城璧》，上海古籍出版社，1992 年。
② 洪迈：《夷坚志》，支乙卷四，优伶箴戏，中文出版社，1975 年。
③ 余蛟：《梦厂杂著·玉儿传》，上海古籍出版社，1988 年。
④ 潘光旦：《中国伶人血缘之研究》，《潘光旦文集》第二卷，北京大学出版社，2000 年，225 页。

著名的当属 20 世纪初被称为女伶老生元老的恩晓峰。无论哪个时代，能够胜任老生这种男性角色的女伶都非常难得，恩晓峰凭借精湛的演技以及雌雄莫辨的嗓音声名远扬，成为清末女伶老生第一人。恩晓峰是旗籍，关于她的身世，传言"晓峰父恩某，亦显宦之后，至其身而贫者也……既而女伶兴，父为谋生计，遂令业歌"①。作为旗人出身、显宦后代的名门之女，她投身当时被看作是贱民职业的女伶行业，显然是为家境所迫。

女伶王克琴，比恩晓峰出道稍晚，专攻京剧花旦，兼唱二黄梆子花旦。她也是旗籍世家之女，幼年因父母双亡，由姨母一家抚养成人。王克琴与恩晓峰两人都因贫困入行，奉家长之命从小接受训练投身伶业，并成长为梨园名角。女伶碧玉花也是旗人，据说其父徐某虽是清朝高官，但辛亥革命后逐渐没落，碧玉花从女子学校毕业后，"惑于女子自由之说，为人所骗至沪，不得已从伶"②。

今日可考的旗人女伶，仅限在沪、津、京等大都市活跃的名角，且详实资料也很少。除了上述三人，还有程艳芳、苏兰舫等旗人或是官宦家庭出身的女伶，推测在其他城市应该也活跃着一批不知名或小有名气的旗人女伶。旗人女伶的出现，是清末女伶行业的变化之一，而催生出这种变化的社会背景则更值得关注。

自近代中国接触西方思想及价值观，延续数千年的传统社会结构逐渐瓦解。清末民初恰逢社会转型的关键时期，伴随着封建王朝的解体，各项制度和观念也开始发生变化。作为清代特权阶层的旗人，随着清王朝的衰弱以及资本主义经济的发展，处境愈发窘迫。尽管他们勉力想维持往日的优越和尊严，但经济上的困窘已是不争的事实。晚清谴责小说中多有描写

---

① 波多野乾一著，鹿原学人编译，洪珍白校对：《京剧二百年之历史》，北京东方时报馆，1926 年，132 ~ 133 页。

② 《京剧二百年之历史》，295 页。

旗人群体的文字，可知其社会地位和实际生活的落差不断扩大。清政权尚存时，早期的旗人女伶所面临的社会压力和阻力较大，民国以后则较为普遍地出现于公众视野中。无论是被迫还是自愿，旗人进入女伶行业这一现象，可以说是清末特权阶级崩溃的表象之一。

旗人女伶出现的另一个重要原因，是以西太后为首的清朝皇族对京剧的狂热。清皇室多爱好戏曲，加之晚清京剧艺术成熟，王公贵族热衷观赏戏曲之余，与优伶的关系也愈发亲密。"盖天潢贵旅，席丰履厚，无事可为，皆致力于戏，故常有不识字，无有不识戏者"①，"旗人自王公贵人，多嗜剧，尤以广识伶人为豪"②。辛亥革命以后，越来越多的原皇族和旗人无法适应落差而将戏曲作为精神寄托。有财力者广泛结交优伶，自己也登台演出成为票友；财力不济者则利用自己掌握的戏曲技艺，成为一名真正的优伶。而当时优伶收入大幅度提高，也增强了其职业魅力。在京剧风靡一世的大环境下，社会对优伶这个职业的歧视似乎不知不觉中得到了某种程度的缓和。清末民初，无论从律法还是事实层面上，旗人女性成为女伶的各种阻碍逐渐淡漠。因此清末旗人女伶的出现，一方面是社会形态变化的产物，另一方面也可以看作是社会风潮催生的结果。

---

① 张次溪编：《清代燕都梨园史料》，中国戏剧出版社，1988 年，罗瘿公：《菊部丛谭》，792 页。

② 《京剧二百年之历史》，132～133 页。

恩晓峰

资料来源：《戏考》，1921 年第 1 期（全国报刊索引）

碧玉花

资料来源：《北洋画报》，1931 年第 643 期（全国报刊索引）

苏兰舫

资料来源：《北洋画报》，1928 年第 262 期（全国报刊索引）

王克琴

资料来源：《歌场新月》，1913 年第 1 期（全国报刊索引）

2. 女伶的名字

名字，是人类思想、信仰以及社会环境的一种表达方式。中国人的名字自古以来就与家族关系、价值观、风俗等密切相关，同时随着社会发展会具有鲜明的时代特色，所以名字所传达的历史信息也非常丰富，考察女伶名字的变化也是了解职业变化的重要线索之一。

首先看清末以前女伶的名字。明末清初，顾媚、尹子春等名伶们，虽然可能是艺名，但几乎都有自己的姓和名。她们不仅是名伶，同时也是名妓。清代的妓女，尤其是中上等妓女几乎都有自己的名字。从各种传记文献中可知，妓女多跟随"老鸨"姓氏，光鲜亮丽、柔媚婉转的名字也是招揽男性的有力手段之一。具有一定文学素养的妓女不仅有名，还会有一个雅致动听的字，直到民国时期这样的习惯和风俗也没有改变。《扬州画舫录》中，也有像苏高三、汤二官、钱三官这样的名字。姓氏之后加上长幼顺序，这种起名方式也很常见，不仅便于记忆也容易辨别。但即便使用这种名字的妓女，一般也有本名，例如苏高三本名苏殷。即使妓女的本名不为人所知，通常她们的名字里也会出现姓氏，也就是说大多数妓女以及兼具妓女和女伶双重身份的女性都会拥有姓氏。

与此相对，"家班女伶"和职业女伶的名字则比较特殊。

无论男伶还是女伶，多被称为"×官"。如《红楼梦》中十二女伶的名字都带有"官"字，原本姓氏并不为人所知，唯有芳官曾说自姓"花"。著名的查氏女乐、女伶的名字都带有"些"字，例如风些、月些等。李渔曾专门作祭文追思自己钟爱的两位家班女伶乔复生和王再来，但"乔复生"和"王再来"不是本名，她们生前也从未被这样称呼。生前的称呼源于出身地，各自被称为"晋姐"和"兰姐"，死后因主人的垂爱与追思，才有了一个从未使用过但却流传至今的名字①。家班女伶的实际地位与婢女等同，名字仅仅是一个符号，姓也被省去。职业女伶的境况也大抵相似，如前文所述，民间活动的职业戏班女伶地位十分卑贱，仅存的一二史料中也基本看不到她们的本名。"双清班"的顾阿夷和其女顾美、"小华林

---

① 李渔：《乔复生王再来二姬合传》，《李渔全集》，浙江古籍出版社，1991 年。

班"的张素兰是极少数有名字存留于世的女伶。另外，《醒世姻缘传》里的珍哥、《姑妄言》里的娇娇，虽然小说里的戏份很多但都没有明确的姓和名。《浮生六记》里的兰官以及"双清班"的成员们也都是以"官"字入名。

至清末，女伶符号般的名字似乎变得越来越不合时宜。女伶如果想如男伶一般活跃于社会公共空间，无论如何也需要一个正式的称呼。清末女伶中，"某官"这样的名字已经基本看不到了，取而代之以女伶的本名或是艺名。恩晓峰、王克琴、马素珍等人显然使用了本来的姓，小香水、小兰英、金刚钻、十三旦则明显是艺名。共同学艺的女伶们，通常会由师傅或是养父母按照长幼顺序等规则起名，例如名角金月梅的养女就是同为名角的金少梅。她们的名字，某种程度上表示了师门关系或同辈之间的排行关系。

虽然女伶的名字多数难以判断是本名还是艺名，如金桂莲、张文艳、李桂芬等，但姓和名无疑是明确存在的。整体来看，使用艺名的女伶要比使用本名的更多。为了让自己的名字更加引人注目，她们一般都会放弃本来姓氏另起艺名，如琴雪芳原名马金凤，上海妓女圈"四大金刚"之一的名角林黛玉原名陆金宝。女伶一人也可以同时拥有数个名字，有时为了不被成名前的经历所影响艺途，女伶还会时常更改自己的名字。

总之，与以往家班女伶和职业女伶符号般的称呼不同，清末女伶已经有了给自己起名字的自由。翻阅清末民初的报纸和杂志，几乎每天都有各大剧场和戏园的广告，女伶的名字也多见诸报端，各媒体热闹非凡。这种现象可以说明，女伶从无名的卑微贱民开始一步步登上了社会大舞台，使用兼具姓与名的名字，可以看作是这种变化的表现之一。

3. 职业待遇与社会地位

清末以后，优伶整体的境遇与之前相比有了很大改善。民国初年，上海、天津等大都市相继建设新式剧场，女伶在全国巡回演出，演出环境和条件也逐渐提高。北京的警察局除了掌握监管权，还正式出台了《戏院管理规则》和《戏班管理规则》。例如有"禁止在戏棚的门前对女伶做任何猥琐下流行为"这样的规定①。表演结束之后，她们也不必做像以前的职业女伶那样必须做的诸如客席陪酒等类似妓女的工作。报酬方面，配角的薪资依然很低，但随着人气上升收入会大幅增长。如果是极具观众号召力的名角，来自各个剧场的"包银"会十分丰厚。辻听花曾说："而且今年以来，由于女伶热潮逐渐高涨，她们的报酬也不断上涨，有的人最多的时候一个月的收入从两三千元到四五千元不等"②。当然不仅女伶，当时优伶全体的收入都呈上涨趋势。辻听花还说："现在的最高价从一幕两三百元，一个月四五千元到七八千元不等"③。

此外，近代提倡女性教育的风潮也影响了戏剧界。若要成为女伶，或加入戏班接受传统家长式培养体系，或直接拜师名角学习技艺，至近代还出现了学校模式的演员专科学校，例如早期的崇雅社④。当时的戏曲学校虽然在管理、设施等方面尚不完善，但与传统的师徒关系相比，无疑更利于优伶的培养发展。田际云建立专科学校专门培养女伶，一方面证明社会对女伶的需求量增加，同时无疑表明女伶这个职业在某种程度上得到了社会的认可，至少我们从未见过诸如"妓女学校"这种东西。

清朝皇室和上流阶层对戏曲热情的高涨，也促进了戏曲尤其是京剧的

---

① 辻听花：《支那芝居（下）》（大空社，2000 年），第四剧场，101 页。

② 《支那芝居（下）》，60 页。

③ 《支那芝居（下）》，59 页。

④ 关于崇雅社的成立，《京剧二百年之历史》（261～262 页）一书这样记录："民国成立后，坤伶始入都，新进势力，盛极一时。而个中翘楚，以梆子花旦占其大部分，际云已梆子花旦也。被坤伶压挤而嫉视之，请政府颁发女伶与男伶合演之禁令。讵男女分演后，女伶亦盛。际云亦知其势力不可侮，遂创立坤伶班崇雅社"。际云即田际云。

发展。女伶兴起之后，类似于后世的追星风潮在京、津、沪等大城市热度不减。从报酬、人数、组织、活动范围等各方面都可以看出女伶的生存环境有了显著变化，然而经济或是生存环境的改善并不意味着女伶社会地位的提升。表面上看，女伶的确是名利双收。公演时她们常常会受到高官显贵的追捧和资助，若能成为名角，高额报酬的演出邀请更会纷至沓来。但女伶地位的真正提高，需要社会制度的变革以及社会意识的彻底转变。从出身来看，清末女伶的出身阶层范围虽然扩大了，但是旗人入行的首要原因还是贫穷。恩晓峰、王克琴这样的旗籍世家之女成为女伶，也许会被视为女伶行业歧视削弱的佐证，但其实是旗人票友的活跃在某种程度上淡薄了人们对优伶职业卑贱的印象。恩晓峰的父亲曾明确说："吾使女业伶，故忝吾祖"①。同时，妓女看到女伶的演出费和待遇逐渐改善，她们也陆续转行向女伶方向发展，这与明末清初"然名妓仙娃，深以登场演剧为耻"的自尊心有了很大不同。例如陆金宝那样一生中由妓女到女伶、再由女伶到妓女多次转行的女性，都是以经济利益为导向的行为，这也说明妓女和女伶的一体性、共通性仍然存在，且两者之间依然没有明确严格的行业界限，也没有任何社会批判或障碍。

另外从女伶的婚姻状况中也可以一窥她们真实的社会地位。今日尚有记录的女伶中，与平民结婚并建立普通家庭的人还是极少数，相反她们的一生常常与官僚、财阀、帮会纠缠不清。如"小香水，曹四外室也"②，"曹桂芬，先是惟项城长公子云台，与段芝贵昵之。二者皆欲纳之"③，女伶杨翠喜与贝子戴振的交往在当时还引起了一时轰动。从工作内容来看，女伶可能在京剧、梆子等当时流行的戏曲领域造诣颇深，也可以不必"征

---

① 《京剧二百年之历史》，133 页。
② 《京剧二百年之历史》，248～250 页。
③ 《京剧二百年之历史》，293 页。

歌""侑酒"了，但处理好与达官贵人的关系仍是维持其女伶生涯的非常重要的工作。因此，很多女伶依旧向大主顾提供性服务，以谋求自己表演生涯的持久以及政治环境的庇护。"女伶初盛时，如尹红兰、曹桂芬、花四宝、翠玉、黛玉等，无不有北洋权贵人昵之"①。女伶行业的光鲜程度，与当红的头牌妓女相近，甚至可以说是有过之无不及。

清末女伶的出现与崛起，是中国戏剧发展史的一大特征，也是一大转变，但这并不意味着对优伶根深蒂固的偏见完全消失。女伶即使在戏曲艺术方面得到肯定，也绝不代表社会地位的上升以及社会形象的改观。因为从出身、婚姻和职业内容来看，都还无法断定女伶已经摆脱卑贱的地位和社会形象，成为一名真正的"演员"了。她们也许表面上家财万贯、风光不已，但光鲜背后极度缺乏社会保障，作为社会底层群体的立场并无太大改变。

中国传统社会，除了少数自愿入行的人，大部分女性是被迫或因生计才成为妓女和女伶。在生产力尚不发达的社会背景下，处于社会弱势地位的女性常常面临贫穷的威胁，而且保护女性生活和利益等方面的社会法规并不完备。因此一旦遭受生活陷入困境，或是社会民生进入低谷时，女性只好出卖肉体借以生存。这也是历代王朝愈是濒临崩溃或灭亡之际，妓女行业反而会愈加兴盛的原因。明清时期，社会对女性的禁锢和管制达到高峰，女伶仅凭在人前抛头露面这一点，就可以被视作是下贱中之下贱，所以传统社会的妓女和女伶无疑是在特殊环境、特殊土壤中生存的。

但无论如何，清末女伶的崛起仍然象征着新时代的到来。与此前等同于奴婢的"家班女伶"以及"一身兼二贱"、贫穷且在历史上几乎没有留下只言片语的职业女伶相比，清末女伶确实比较幸运了。无论原因如何，

---

① 《京剧二百年之历史》，291 页。

女伶登上历史舞台都说明传统社会对女伶的禁锢和压制，已经随着近代化的推进而出现裂痕。虽然距妓女和女伶的真正分离还有数十年时间，但正如1919年辻听花对中国女伶的寄语："今天，新的风潮兴起，艺人渐渐开始得到来自社会的尊重，稍有新知识新思想的艺人，自身也逐渐有了作为一个演艺人员的自觉，所以与从前相比，艺人的地位不断提高，前途也越来越光明"①。

①《支那芝居》，60~61页。

第二章
帽儿新戏更风流①：近代上海的坤剧与女伶

当代中国戏剧界，女演员是不可或缺的存在。男演员饰演男性角色，女演员饰演女性角色，这已是最基本的表演法则。然而在清代中国，因为清政府禁止女性登台表演，所以二百余年间男演员几乎独占传统戏剧②。另一方面，政府禁令催生出特殊的表演形式——男旦，民国时期梅兰芳等"四大名旦"的出现，代表该表演艺术达到巅峰。

纵观世界戏剧史，可知类似男旦的反串表演其实并非中国特色，很多国家的不同历史时期都曾出现过。如戏剧大国英国，1660 年女演员才初次登台表演，之前的女性角色均由少年饰演。日本江户时代初期，幕府以扰乱风纪为由禁止女歌舞伎，代之以与男旦相似的"女形"③。东、西方的国家均曾明令禁止女性在公众场合的表演，且禁止的原因都源于政府担心女

---

① 出自养浩主人《戏园竹枝词》，全文"帽儿新戏更风流，也用刀枪与戟矛。女扮男装浑莫辨，人人尽说杏花楼"。杏花楼是上海早期著名的髦儿戏园。

② 孙丹书《定例成案合钞》卷二十五"虽禁止女戏，今戏女有坐车进城游唱者，名虽戏女，乃与妓女相同，不肖官员人等迷恋，以致罄其产业，亦未可定，应禁止进城，如违，进城被获者，照妓女进城例处分"。

③ 歌舞伎中的"女形"相当于京剧中的"男旦"。1927 年北京《顺天时报》通过大众投票选出"四大名旦"，分别是梅兰芳、荀慧生、程砚秋、尚小云。

演员登台会扰乱社会风纪，这一点清朝也不例外。

17 世纪后半叶，因为少年演员的不足、《圣经》禁止男女反串、对同性恋的非议等各种原因，英国女演员开始崛起。日本明治维新时期，以西方戏剧为模板对歌舞伎等传统艺能进行改革，开拓出近代女演员诞生的道路。那么近代中国的女演员是如何出现又如何成长起来的，本章尝试解答这个问题。

近代中国的戏剧界，男演员继续活跃于舞台之上，同时女演员诞生并逐渐发展、进步。如果从男、女演员的角度来概括清代以来传统戏剧的变迁，应该是男伶独演—男女分演—男女共演这一过程，即早期女演员是从男女分演的阶段开始崛起，因此本章主要聚焦男女分演阶段来进行考察。

上述女性表演的变迁过程，在近代上海戏剧界体现得尤为显著，这与其开港都市快速发展的市民文化，以及坤剧（全部由女性表演的传统戏剧）的发展与衰退息息相关。即以上海坤剧的发展为契机，女伶的活动范围从"堂会"等私人空间扩大至公园、剧场等公共空间。所以，上海坤剧及其女伶的诞生与发展，在近代中国戏剧发展史上具有重要意义，而梳理并阐明这一变化过程及其社会背景，也是理解近代中国社会史的重要线索之一。

本章将上海戏剧的男女分演时期，设定为从坤剧开始流行的同治年间，至最后一家坤剧戏园丹桂茶园停业的 1917 年为止。虽然光绪末年，上海已经有了男女共演的戏园，但男女分演仍然是传统戏剧的主流方式。1916 年，坤剧戏园中营业时间最长的群仙茶园关闭，翌年丹桂茶园关闭[1]，上海的坤剧戏园就此谢幕。这不仅说明坤剧已经衰退，也意味着男女共演时代的到来。虽然后来在游乐场等新型娱乐场所中仍能看到坤剧上演，但

---

① 周华斌：《中国剧场史论》，北京广播学院出版社，2003 年。

已不复昔日的人气风光，逐渐退出了历史舞台。

关于中国女伶的研究，日本方面如田村容子《清末民初上海的坤剧——从〈申报〉剧评考察其变迁》，另外还有台湾周慧玲等人的论文①，但均未言及城市女伶兴起的根本原因。长期以来，稀少、零星的史料，使研究者很难将女伶作为研究对象。针对这个难题，本章以《申报》为主要史料，同时利用杂志、文人回忆录等，尝试揭示男女分演期上海坤剧与女伶的真实状态。

一 近代上海坤剧的出现与发展

1. "髦儿戏"之由来

中国自古娼优不分，所以研究女伶就不得不提到娼妓。各个朝代，娼妓一般多在青楼妓院中进行戏剧表演，这是中国戏剧史的重要组成部分。特别是明清时期的笔记小说中，记录有很多既是名妓又是名伶的女性。除了娼妓的兼职演戏，还有职业女班的存在，如李斗《扬州画舫录》记载的顾阿夷"双清班"。明清时期的文人墨客，流行在家中豢养"家班女乐"，或者将戏班招到家中表演"堂会"，《红楼梦》等明清小说多有此类场景描写。所以便于内宅女眷观看的"女班"，在清政府的禁令下还是一直存在的，只是其存在感较弱，一般仅限于家庭内部的表演。

继承并综合了娼妓与女班双方性格的女性表演形式，即坤剧，它在以上海为中心的南方都市中一般被称为"髦儿戏"，有时还写作"猫儿戏""毛儿戏""帽儿戏"。通过对这些名称由来的考察，大致可梳理出近代坤

---

① 田村容子：《清末民初の上海における坤劇—『申報』劇評に見る変遷》，《中国21》，2004年8月。周慧玲：《女伶、写实主义、"新女性"论述——晚清到五四时期中国现代剧场中的性别表演》，《近代中国妇女史研究》第4期，1996年8月。

剧的起源与发展过程。

根据陆萼庭《猫（氂）儿戏小考》①，"猫儿戏"应该是对南方地区女性表演的最早称呼。陆萼庭以姚燮在道光十七年（1837 年）滞留上海时写的《猫儿戏》一诗为依据，该诗题目下注"谓六七龄女童演戏者"，推论是因为女孩子活泼演出的样子似猫而产生了"猫儿戏"这个称谓。

另一方面，关于上海坤剧的由来，流传最广且最有影响力的应是创始人李毛儿一说。该说法的依据是海上漱石生（孙家振）《梨园旧事鳞爪录·李毛儿首创女班》。

> 北京来沪之著名小丑，同光时凡三人，为秃扁儿、李毛儿、朱二小……李毛儿留沪最久……惟彼时包银甚微，所入不敷所用，因招集贫家女子在十岁以上，十六七岁以下者，使之习戏，不论生旦净丑，由渠一人教授，未几得十数人，居然成一小班，遇绅商喜庆等事，使之演剧博资，无以为名，即名之曰毛儿戏班……逮后大脚银珠起班，宝树胡同谢家班继之，林家班又乘时崛起，女班戏乃风行于时，渐至龙套齐全，配角应有尽有，能演各种文场大戏，剧资亦渐增至数十元一台。此时李毛儿原班已散，李亦已经病故，惟毛儿戏之名称，则相沿至今。或以"毛儿"二字，疑为时髦女戏，故于毛字上加一彡字，曰氂儿戏，实则误也。②

但陆萼庭对孙家振的说法提出了异议，他认为这段文字是孙家振根据自身回忆写的，李毛儿只不过借助自己名字中的"毛儿"与"猫儿"发音

---

① 陆萼庭：《猫（氂）儿戏小考》，《曲苑》第一辑，江苏古籍出版社，1984 年。
② 海上漱石生（孙家振）：《梨园旧事鳞爪录》，《戏剧月刊》，1928 年 8 月 10 日。

相近的特点加以利用，扩大了坤剧的知名度，但并非坤剧的真正起源。不论陆氏的结论正确与否，"猫儿戏"和"毛儿戏"，无疑均指在堂会中表演的坤剧。

关于"髦儿戏"由来的诸多传说，大多是当时上海的文人所写，互相比较看来，各个说法的情节、人物相互交错，或者年代时间矛盾，今人很难判断事实究竟如何。其中梅兰芳关于"髦儿戏"的记录甚为生动，下面一段是1913年他首次在上海公演时的回忆。

> 我初到上海，听了这髦儿戏的名称，实在不懂。有一位老上海给我这样解释："上海的髦儿戏班，已经有了二三十年的历史了。最初叫毛儿班，班主李毛儿是徽班里的一个二路丑角。他在安庆收买了一批贫苦的女孩子，带回上海，教会她们徽调，专门应堂会，不上馆子唱。别人看他的生意不坏，继起的女班很不少，有谢家班、林家班、朱家班等。[①]

这段话中关于李毛儿的出身、年代以及戏班的表演形式，虽然与孙家振的说法有所出入，但都承认了李毛儿的存在。如上所述，至少在民国以后，李毛儿说似乎比其他各种说法更加广为人知。

1913年，正是坤剧进入北京并初步成功的时期，但是连北京名伶梅兰芳都没听说过"髦儿戏"这个词，说明它是中国南方特有的表演形式。整体看来，20世纪以后的民国出版物中几乎全部使用"髦儿戏"或者"坤剧"，而对上海人来说，比起近代化的"坤剧"，似乎更习惯传统的"髦儿戏"称呼。即使在1917年坤剧戏园全部关闭之后，《申报》各个游乐场的

---

① 梅兰芳：《舞台生活四十年》，平明出版社，1952年，161页。

广告栏中依然多使用"髦儿戏"一词。

李毛儿首创女班一说

资料来源:《图画日报》,1910 年第 248 号

2. 坤剧之沿革

"髦儿戏"的真正由来虽然没有定论,但从称呼上可以感受到上海人对它的亲近感,下面来讨论这种表演形式的具体状况。1899 年的《申报》社论《女戏将盛行于沪上说》[1],让我们能够从中获取"髦儿戏"在上海的发展过程以及其他诸多信息。

> 演剧之有髦儿戏班,固不自今日始也。道咸之间,盛行于苏州,然无戏园常演之所,惟绅宦有喜庆事,召以侑酒。缘髦儿班皆以十二三岁女童为之,既便于内眷之可观,而又非若男伶之必须搭有高台,苟厅事,宽敞者即可开演。价目既廉,排场亦易,故人皆乐于观之。自发逆扰乱苏省,各属均遭蹂躏,惟沪上一隅为干净土,四方来者,

---

① 《女戏将盛行于沪上说》,《申报》,1899 年 12 月 9 日。

车马辐辏，而又创开租界，市面陡兴，人烟稠密。有名大脚桂芳者，创演女戏于满庭芳戏园，即聚当时曾入髦儿班之诸女伶，并教习妓之能歌舞者，集而开演。其时人心寂寞已久，忽然耳目一新，故开演之后，无日不车马骈阗，士女云集。且各女伶年习皆过笄，无不可作夜度娘，故人更趋之若鹜。此女伶入戏园演剧之权舆也。嗣后京腔日盛，戏园日多京都天津诸名优来沪演唱，人情厌故喜新，女伶仍散而为妓，而女班于是阒寂矣。数年之间，京腔愈盛，非但昆腔女班不能复兴，即昆腔之男班亦几如广陵散矣。近年髦儿班又渐渐复集，然皆妓家之雏妓为之，非若昔时髦儿班之专讲演戏，且惟于张园愚园日间开演，为名园点缀起见，非专以演剧为事。近日始有人开设美仙群仙二园，日夜开演，价目与各戏园无二，虽演戏者仍属张园愚园之班，然从此大张旗鼓，认真开演，将来女戏必又盛行于沪上矣……当时苏省盛行昆腔，故髦儿班皆习昆曲，满庭芳开演之时，亦并无京剧。自京班到沪之后，京调一兴，昆曲势杀，人非不欲观女班，实不耐听昆曲也……大抵人情好色者多，男优而美尚有溺于声色而狎昵之者，而况于女伶乎。演剧即不认真到家，人无不以其女而恕之，不但恕之，且更乐就之，其势然也。况安知其不久久习演而唱工做工竟与男班相将乎。迨至相将，吾知观剧者且必舍男而就女，而女戏不从此大盛耶。

上述内容整理要点如下。

首先，髦儿戏应该起源于苏州，后来流入上海。1876 年生于苏州的报人包天笑在其少年故乡的回忆中曾说："戏剧则有堂会，以昆戏为主，亦有唱髦儿戏者，乃是女班子也。那些富贵人家，都可以临时搭起戏台来，妇女亦可垂帘看戏"[1]。近代上海崛起之前，苏州作为昆曲发源地，一直与北京分别为中国南、北方戏剧中心，所以具备优越的戏剧表演环境。京剧进入上海之后，一直以昆曲表演为主的髦儿戏暂时衰落，但在19世纪80年代之后重放光彩。当时上海戏剧界的主流剧种已经变成京剧，所以髦儿戏也以表演京剧为主。

第二，无论是在临时性戏园，如满庭芳的表演，还是在张园、愚园的演出，都意味着女伶已经突破如堂会般的私人空间，开始迈入公共空间。《清稗类钞》"优伶类"中，有"光绪初，沪有女伶张桂芳者，专演女剧"[2]一条，此张桂芳很有可能就是满庭芳戏园中表演髦儿戏的"桂芳"。满庭芳戏园于1867年开业，桂芳率领众女伶在此表演京剧应该是1867、1868年前后。另外，张园是1885年对外开放，愚园是1890年修筑而成，所以可推断从满庭芳戏园的表演终止，至张园、愚园的表演开始，这十余年间髦儿戏仍然在私人空间内活跃着。梅兰芳还回忆道，"这里面的林家班就开始租定六马路一家茶园，长期演出。还有姑苏王家班、武陵云字班，先后也在带钩桥一家花园演出。不久石路上又有了美仙茶园"[3]。1894年开业的美仙茶园，现在被公认为是上海最早的坤剧戏园。如果梅兰芳记忆无误的话，可以证实美仙茶园开业之前，髦儿戏也是以各种形式活动着。总之，19世纪90年代的上海终于有了专门的坤剧戏园，即美仙茶园与群仙茶园，《女戏将盛行于沪上说》一文正是在群仙茶园开业一周后发表的，该文预感坤剧即将流行于上海，无疑是在新的坤剧戏园开业、髦儿戏乘势进军公共空间的社会氛围下完成的。

第三，此时的女伶还带有较强的娼妓色彩，一般仍为"娼兼优"。髦

① 包天笑：《钏影楼回忆录》，大华出版社，1971年，"儿童时代的娱乐"，46页。
② 徐珂：《清稗类钞》，"优伶类"之"张桂芳演女剧"。
③ 梅兰芳：《舞台生活四十年》，平明出版社，1952年，161页。

40

儿戏女伶表演戏剧的同时，像妓女一般与客人交往的描写多见于清末小说。反之亦可以说近代上海娼妓业的繁盛，对坤剧的发展正好提供了优质的人员。观众对坤剧的原始兴趣，也许可以说是"色艺并重"，坤剧带来的新鲜刺激、年轻女伶的美色，无疑对以男性为主力的戏剧观众有很大吸引力，这也是坤剧兴起的原动力之一。

《女戏将盛行于沪上说》写于世纪转换期，此后一直到1917年的数十年间，如该文作者所预测的，坤剧在上海风靡一时。但一种戏剧长期流行的原因，却远非作者考虑的那么简单，文中提及的"门票"才是关键。下一章将考察戏园门票价格的变迁，从经济因素来探索坤剧流行的原因。

二　戏剧产业与坤剧戏园

自上海开埠至电影兴起的20世纪20年代后半期，戏剧一直是上海人最重要的娱乐。从租界开始的经济繁荣对娱乐产业有巨大影响，妓馆、烟馆、赌场等娱乐设施林立，被称为"茶园"的剧场也在快速发展的同时展开了激烈竞争，而且与其他都市相比，上海的剧场行业有其特殊之处。

近代上海开埠之后一直快速吸收着海内外的新兴事物。戏剧方面即引进了北方的京剧并酝酿出"海派"，并逐渐取代苏州成为南方戏剧中心。1867年，满庭芳戏园首次招纳京剧戏班来沪演出，京剧很快博得巨大人气，后各个戏园纷纷从北京或天津等地积极招募京剧名角前来演出，因此京剧很快就在上海扎根，取代昆曲成为主流戏剧。

如果从中国戏剧史的角度观察清代以后的戏剧，可知其特征是重视"表演"。元、明、清前期的中国戏剧均以文学剧本为中心，而清中期以后则开始重视个人演技以及服装、舞台效果等[1]。但即使同样重视"表演"，

---

[1]　余秋雨：《中国戏剧文化史述》，湖南人民出版社，1985年。

北京人偏重腔调，上海人则追求视觉刺激，即所谓"听戏"与"看戏"的区别。北京人与上海人截然不同的观剧态度，也对两地戏剧产业的形态构成产生了影响。上海的戏园不断推陈出新，其代表性新事物之一即为坤剧戏园与女伶。但在竞争新奇、新鲜的剧场行业中，坤剧戏园能够长期存续下来的原因，不仅仅是坤剧和女伶带来的新鲜与刺激，戏园本身的经营方式也有很大作用。下面通过坤剧戏园与一般戏园的价格比较，阐明戏园经营方式与坤剧发展的关系。

首先来看上海戏园的整体状况。1874年《申报》有《论戏园》一文。

> 地方有一戏院，戏院内之人可以谋生，不必言矣。即戏院外之人，藉以获利者亦不知凡几。试观沪上之戏院，其余均不必言，仅小车一项，每日观者二次往返四回，而小车之送往迎来，其获利已不可胜计。是贫民之赖以养家糊口者，不下万户。①

文中所谓"万户"也许是夸张的表述，但从中可以反映出戏园对地方经济产生的巨大影响。该文作者进一步主张，围绕戏园这一娱乐设施产生的经济效益非常可观，富人频繁往来戏园可以支持很多穷人的生计。这是1874年的状况，之后上海的戏园不断增加，可以想象它已不单纯是演员表演或者观众观剧的娱乐场所，而是在各方面都已经成为上海人不可或缺的娱乐机构。

上海最早的戏园——三雅园，开设于1851年，自它始，清末民初上海的茶园或舞台有120余所，存续时间从一两年到二十余年不等。从《申报》报道可知，躲避太平天国之乱的商人们聚集上海，他们的奢华消费为戏园带

---

① 《论戏园》，《申报》，1874年11月3日。

来盛况，但戏园还是很容易陷入经营不善的境地，频繁地开、关张。

> 京津名伶来去无常，开馆者辄被亏空，因而减价，以广招徕，价
> 愈跌落，则支持愈难。于是开馆者往往易主，班中角色愈调愈杂，或
> 开不及年，或仅止数月，价亦不齐，各馆各卖，不相议定。①

由上可知，戏园属个人经营的产业，各自独立决定门票价格。当时上海戏园的经营者们，主要是买办、包探或青帮等帮会成员，这也推进了戏剧的商业化。激烈竞争之中，专门表演坤剧的群仙茶园持续开业 20 余年，坤剧自身的魅力自然不可否认，但其他市场因素也非常重要。

那么，经常被称为"髦儿戏园"的坤剧戏园有怎样的生存手段呢？首先值得注意的是与男班戏园门票价格的差距。

19 世纪 50~60 年代，上海早期的剧场（即茶园）相继开业，三雅园、满庭芳、丹桂、金桂等著名戏园门票价格各异。"当时各戏园票价各异，席位亦各异。昂者正厅包厢，每客售洋八角，廉者四五六角不等"②。

19 世纪 70 年代，门票价格有了些许变化。"戏园座分三等，台座为上，价洋八角；椅座次之，价洋四角；凳座又次，价洋二角"③。

19 世纪 80 年代，门票价格下跌，原因除了经济不景气外，还因为戏园之间的互相竞争。"虽不能如初时之每人八角，而亦尚有半价可收……自光绪六七年来，各项生意无不亏折……思再贬价，以期兜揽，于是四五角者又减至二三角"④。

---

① 《论戏价不宜太减》，《申报》，1885 年 10 月 7 日。
② 海上漱石生：《上海戏园变迁志》，《戏剧月刊》，1928 年 6 月 10 日。
③ 海上看洋十九年客：《申江陋习》，《申报》，1873 年 4 月 7 日。
④ 《论戏价不宜太减》，《申报》，1885 年 10 月 7 日。

20 世纪初，上海的戏园门票在《上海指南》中可以得到具体数字。"除新舞台一定外，余均无定……多至五六角，少则二三角不等"①。

上述引文提到的新舞台、大舞台、新剧场等都是新建的西式舞台，因为新式舞台与旧式戏园的运营方式完全不同，所以无法进行平行比较。另外，该时期《申报》的戏剧广告也开始标示各个戏园或舞台的价格，由此可以清晰了解短期内的价格浮动。

1910 年代的票价，在梅兰芳回忆录中可找到线索，1913 年他在上海公演时也去各处观看了京剧表演，说"大京班的最高票价，在当时也不过五角至七角。超过一块的票价，恐怕就要算这家丹桂第一舞台了"②。进入民国时期后，价格似乎有了上升的趋势。

以上是 19 世纪后半叶至 20 世纪初上海戏园门票价格大致的变化过程。60 余年间，看戏的价格浮动较大，那么，与之相比坤剧戏园的门票又有怎样的特点呢？

1896 年群仙茶园开业时，群仙、美仙两茶园的价格与其他茶园基本相同，即一角到三角之间③。20 世纪初，《申报》戏曲广告中还几乎没有价格的相关记载，但偶尔会有如丹桂茶园、天宝茶园等坤剧戏园降价优惠来招揽顾客的宣传，其价格基本都是一角。由此推测，平时的正常价格应该不过二、三角。梅兰芳回忆说，1913 年群仙茶园和女丹桂茶园的价格都是一角，在各戏园中是最低的。同年《申报》也说："沪上之坤班凡三（群仙、丹桂、群舞台），以角色之完美论，当推丹桂……虽价格常定一、二角，而卖座颇形发达，且包银短小，开销又省，以故小小局面，反有利可沾"④。同时期

---

① 《上海指南》，商务印书馆，1909 年，卷五"食宿游览丁戏园"。
② 梅兰芳：《舞台生活四十年》，162 页。
③ 《女戏将盛行于沪上说》，《申报》，1899 年 12 月 9 日。
④ 玄郎：《剧谈》，《申报》，1913 年 2 月 20 日。

《申报》广告中，群仙、丹桂等具有影响力的坤剧戏园，虽偶尔会出现"二角""三角"，但还是"正厅一角"最多。

价格低廉这个措施，对坤剧戏园的存续起了很大作用，当时的人也注意到了这一点。下面一篇文章，就是针对营业困难的新式剧场新新舞台提出的建议，建议学习坤剧戏园的经营方法。

> 为新新舞台计，惟有减价招徕一法，至多卖正厅四角，包厢半元，卖座庶有转机之望。该台容积甚广，与其价贵而客少，不如大减价之为愈也。或谓减价而仍卖不起座，将奈何。然坤班小戏园，尚能以价贱之故，而座客常满，反得盈余，则座位宏畅，戏剧真实之舞台，更可不必虑也。①

可见当时的人也对坤剧戏园实施的廉价经营给予了高度评价。

随着时代的推移，上海戏园的门票价格有较大波动，特别是竞争激烈的男班戏园，不仅是整体变化，各戏园之间的差距也很大。而与此相反，坤剧戏园的价格无论哪个时期几乎都保持稳定，剧场之间也几乎没有差距，这种稳定，是保持廉价的稳定。在女伶的表演技艺和受众程度还远不如男伶的时期，这种经营特点保证了女伶在戏剧界的一席之地。在经营竞争激烈的环境中，坤剧依存于本身不稳定的剧场，只能降低自身价格才能得以生存，这也许是单纯经营竞争的结果，但从长远来看则对坤剧的存续有决定性作用。

如上所述，在近代上海各大戏园林立、竞争激烈的大环境下，新生的坤剧戏园以廉价为武器维持经营并占有一席之地，逐渐成为市民文化的一部分。同时，兼容各种新式娱乐、快速蓬勃多样化发展的市民文化也为坤

---

① 玄郎：《新新舞台之危机》，《申报》，1912 年 12 月 28 日。

剧提供了适宜的生存环境。

三　男女分演期的女伶

1. 女伶的出身与来历

根据第一节的讨论，可知在群仙茶园等坤剧戏园表演的女伶，大多是曾在张园、愚园等演出的髦儿戏班女伶。随着与男性戏班的竞争愈加激烈，坤剧戏园女伶的构成也开始有所变化，如郑逸梅曾就群仙茶园的女伶成员有所解释。

> 在 1900 年光景，正式开了一家髦儿戏戏园，名叫群仙茶园，在四马路（今福州路）广西路之东，门面坐南朝北。前台老板童子卿，是巡捕房的包探头目，当然很吃得开。后台雇用两副班底，一文一武。此外，还有几个退伍老妓，如林黛玉、翁梅倩等，也搭入该班。还有艺人世家的女孩子，如周五宝之妹小来全等，也在该班，这都算是客员，不受该两班管束的。至于那文武两班的班主，不用说，都是头号大流氓。他们任意摆布着这一班只吃饭而不拿工钱的摇钱树。这些女孩子，都是由拐匪拐来卖给这班主的，完全是一群小奴隶。把她们教会了戏，每月班主可以整批向前台领包银，而只消供给他们吃饭穿衣住宿好了。①

根据他的叙述，可将女伶分为两大类。一类是娼妓和兼职女伶。上海的坤剧表演有个特点即名妓串戏，如林黛玉、翁梅倩等人常常登台演戏。

---

① 郑逸梅、徐卓呆：《上海旧话》，上海文化出版社，1986 年。

对剧场来说，名妓的号召力可以带来更多的观众，对名妓来说，登台表演可以拿到高额演出费，所以有表演技能的娼妓争先来到舞台上。另外还有表演文戏和武戏的两班女伶也可以归为这一类。她们不是个人受雇于剧场，而是所属的髦儿戏班整体上台演出。随着坤剧的流行，来自妓院的髦儿戏班也逐渐增多，这些小女伶的悲惨命运在各种史料、小说中随处可见，她们多在演戏的同时也像娼妓一样卖身。

另一类是出生于戏剧世家的女伶。史料中出现的小来全，虽然在近代戏剧史上名声不显，但其父周来全、其兄周四宝、周五宝等均是当时南方京剧界的著名人物。生于梨园世家的女性，自幼对戏剧界较为熟悉，长大后一般会与男伶结婚，所以她们与娼妓不同，且比髦儿戏班的女伶要幸运。在表演艺术方面，也比自学成才的名妓或髦儿戏班所受的戏剧训练要专业。坤剧戏园的出现与成功，为这类女性提供了就业机会。史料中她们的身份是"客员"，说明是被剧场招揽雇用的。这一类女伶的出身与娼妓截然不同，登台演出可以拿到报酬，行为自由不受剧场或戏班限制，已经比较接近现代的职业女伶。

在都市公共空间、特别是坤剧戏园公开表演后，知名女伶层出不穷。像林黛玉这样的名妓，如果没有专门的剧场供其演出，就无法获得其戏剧界的名声。对非娼妓出身的女伶来说，剧场更是一展才华和谋生的场所，而且一旦获得人气，无论出身如何都会被观众认可。

除了上述两类女伶，坤剧戏园与男班剧场同样也会招揽其他地区，特别是北方名伶前来演出，这也是剧场存续的重要手段之一。如群仙茶园，开业初期即招揽女伶金月梅，票房大卖。"群仙初创，金月梅以花衫独步者多年，男班诸伶，莫能相抗"①。所以受招而来的名女伶们也对剧场的存

---

① 　菊屏：《二十年前沪上坤班之概况（二）》，《申报》，1925 年 3 月 5 日。

续起到很大作用。她们有的是在一所戏园中长期演出，但更多的是与各个戏园缔结短期合同，往来于各个戏园之间。例如救群仙茶园于危机之中的女伶恩晓峰，也曾经是凤舞台的当红名伶。

金月梅和恩晓峰，均是近代中国京剧女伶之先驱。金月梅原本是娼妓，恩晓峰则是旗人票友自学成才。二人的出身、来历虽截然不同，但都是在天津的舞台上成名，后在全国各地演出。所以下一节论述坤剧女伶超越某一都市范围的演艺活动。

坤伶金月梅之天門陣

金月梅

资料来源：《戏考》，1918 年第 12 期（全国报刊索引）

2. 女伶活动空间的扩大

首先来看髦儿戏班的活动情况。

　　上海早期的髦儿戏班，除了李毛儿女班之外，还有谢家班、林家班、高家班、朱家班等，这些戏班主要在堂会或公园中演出。后来有了女班专用的坤剧戏园，代表性女班有王家班、宁家班、陈家班等。关于此三女班，味莼《坤伶兴衰史》和梅兰芳的回忆录中有相关记载。一方面，《坤伶兴衰史》中曾讲述上海坤剧流行以来，王、陈、宁三女班的影响力"辉映于大江南北"①，活动于长江下游一带，其中王家班还曾被南京劝业场招揽演出，但他没有提及三女班的具体来历。

　　另一方面，梅兰芳回忆："童子卿又在胡家宅开了群仙茶园，邀来不少北京、天津的坤班角色，轮流表演，规模就更大了……后来天津的王家班、陈家班、宁家班都来唱过"②。此三女班与味莼提到的三女班很可能是同一团体，如此可推断在上海影响力最大的坤剧女班应该来自天津。

　　描写清末上海繁华世相的小说《海上繁华梦》中，王家班这一髦儿戏班也频频出镜。据小说描写，王家班是苏州的髦儿戏班，武戏尤为出名，班内女伶多分组活动，除了在上海的群仙茶园演出，还往来于苏州、杭州之间③。从其他地区来到上海的髦儿戏班，不再局限于上海，而是在多个城市之间巡演，此类小说的描写应距事实不远。

　　除了上述女班，曾在上海坤剧戏园中演出过的髦儿戏班应该还有很多，我们从零星散碎的记录中可以窥探出髦儿戏班已经不限于在堂会或坤剧戏园，而是已经超出了上海这个地域范围，广泛地活跃在南方各地区的各种舞台上。

　　下面讨论名女伶个人的活动范围。

---

　　① 味莼：《坤伶兴衰史》，《戏剧月刊》第 1 卷第 5 期，1928 年 10 月 10 日。
　　② 梅兰芳：《舞台生活四十年》，161 页。
　　③ 孙家振：《海上繁华梦》，后集第十回"斗繁华药业赛灯　轧热闹梨园串戏"等。

女伶开始在公共空间演出，天津早于上海。天津较早流行坤剧，且比上海更早实现男女共演。"天津坤剧勃兴始于德租界。当时女伶虽登上舞台，但无男女共演之淫戏。庚子之后，再无忌惮，男女大胆一班"①。1912年《申报》的《女伶之发达》一文说"名伶之产者，燕京为佳。女伶之产者，津沽为多"②，说明天津是女伶辈出之地。因此，在上海坤剧戏园大获人气之际，已经在天津成名的女伶就是最好的招揽对象。与南方相比，北方女伶似乎出现得更早，除了天津，哈尔滨、奉天、大连等地的舞台上也都曾出现过女伶的身影。

民国之前的北京，坤剧被严格取缔，所以北京出身的女伶不得不去其他地区演出。民国以后北京解禁，各地女伶也开始出现于北京的舞台上，恩晓峰、王克琴、尹洪兰、小兰英、白玉梅等是那个时代戏剧舞台的代表人物，都曾活跃于上海坤剧戏园中。

无论女班还是个人，出身于北方或者在北方都市中成名的女伶们，其在上海的演出经历都值得关注。北方虽是京剧诞生地，但"京剧"这个名词其实产生于上海，其他都市的戏剧产业也无一如上海这般发达。即使是女伶辈出的天津，其戏园数量和优伶待遇等方面也远不能与上海相比。戏剧理论家齐如山曾评价清末民初时期中国戏剧史中上海的地位。

> 北平好脚最想到上海演戏，自前清已然。从前北平戏界有两句话，说皮簧班脚色到上海唱红了，才算真红。梆子班脚色到张家口唱红了，才算真红……民国以后，仍是如此。③

---

① 《北洋公牍类纂》，卷六"天津县详请禁止男女合演淫戏及蹦蹦戏文并批"。
② 瀛仙：《女伶之发达》，《申报》，1912 年 9 月 12 日。
③ 齐如山：《齐如山全集》，台湾联经事业出版公司，1979 年。

由此可知，上海虽然是传统戏剧的后进地区，但其戏剧产业发展迅速，反而后来居上被戏剧界和表演者高度重视。因此北方出身或培养出来的女伶，通过在上海的演出不仅推进了南方坤剧的发展，也反过来促进了她们自身的成长。

下面以个人女伶为例，更加明确地凸显其活动范围的扩大。曾被评选为"坤剧大王"的刘喜奎，1894 年出生，8 岁在天津开始学习唱戏。9 ~ 13 岁期间在营口和哈尔滨演出，后在海参崴居住三年，一边演出一边受训，16 岁时接受上海坤剧戏园"大富贵"的招揽，在上海演出一个月。回到天津后的两年间，她在"下天仙茶园"继续表演，18 岁时受"天仙茶园"邀请再次赴沪演出约三个月。回到天津后又先后在徐州、济南、武汉、青岛等地巡回演出，19 岁受到军阀张勋的纠缠，避往北京，27 岁隐退之前都活跃于北京的舞台上。

如刘喜奎一般，可以详细知晓其演艺生涯的近代中国戏剧女伶是非常少的，但从各个片段式的史料综合来看，可知名女伶们通常不局限于一戏园或一都市，而是经常全国范围地演出。一旦出名，各地戏园会积极邀请，女伶也会巡演各地积极寻找出名的机会。

就这样，女伶不仅从私人空间走到公共空间，还从坤剧戏园中走出，希望能在更广阔的舞台上演出。1917 年以后这一倾向越发显著，甚至还有了出国演出的事例。虽然这种机遇仅限于一部分名伶，但从近代中国女伶发展史角度看是重大进步。当然在这种发展的背后，还有女伶演技的提高、交通手段的改进、社会男女观念的进步等多种因素存在。

另外，报纸等媒体的发达也间接提高了女伶的社会关注度。自 1910 年开始，《申报》的戏园广告中开始有女伶出现，恩晓峰、王克琴等名字被放大印刷，前面还冠有"京津最著名""超等坤角"等美称，"女班"也经常作为宣传噱头。除了广告，女伶还是各种社会八卦的主要对象，如

1915 年 1 月女伶小翠喜的结婚纠纷报道，同年 3 月刘喜奎的腋臭事件①，有时还是持续数日的连续报道。虽然女伶的社会地位还没有得到实质性提高，但社会的高度关注无疑帮助女伶真正走上了历史舞台。

最后补充一点，即拥有"治外法权"的租界与坤剧、女伶的关系。目前可以确定具体所在地的近代坤剧戏园，全部位于上海各租界之内，不仅上海，天津的坤剧起源于德租界，武汉则发起于英租界。女伶的出现与发展，受各地民风、民俗与政治情况影响，必然各不相同，但共通点是租界均起到了积极的促进作用。虽然未必是必需条件，但租界这一特殊空间无疑为坤剧与女伶提供了宽松的外部环境，换言之，租界加速了近代中国女伶的出现。

上海的租界最为繁荣，虽然不是近代中国女伶的发源地，但它是女伶发展过程中不可或缺的重要地区，且从中国戏剧史、女伶史、都市文化史等角度来看，上海的坤剧与女伶均是无法忽视的重要发展阶段。本文所考察的历史时期，女伶已经开始进化为一项女性职业。

1917 年之后，随着上海坤剧戏园的关闭，坤剧衰退，女伶与髦儿戏班进入男班戏园或游乐场演出，中国传统戏剧开始迎来男女共演的时代。

---

① 《小翠喜讼案之原委》，《申报》，1915 年 1 月 18 日。《刘喜奎声势一斑》《北京女伶刘喜奎之趣案》，《申报》，1915 年 3 月 23 日、24 日。

第三章

东西影戏到春申①：电影女演员的职业化（1923－1937）

　　日本电影史上，"女形"曾活跃一时。19 世纪末早期日本电影中没有女演员，一般以歌舞伎中的女形来代替。1910 年前后，日本女演员登上银幕，随之女形逐渐势弱，1924 年以后完全消失。女形能够活跃于电影界长达 30 余年，源于日本早期电影与歌舞伎、新派剧的密切关系，电影女演员这一职业也因与艺妓同等低贱而备受压力②。

　　另一方面，几乎同一时期的中国，与歌舞伎的历史发展有很多相似点的传统戏剧——京剧，也出现了类似女形的特殊角色——男旦，且其全国性人气正盛。而且中国早期电影也与京剧有着密切联系③，社会上也存在对女伶的歧视。然而这样几乎完全相同的社会条件下，比日本稍晚发展起来的中国电影，严格来说在长篇故事片中并没有男旦的出现，即中国电影

---

　　①　出自颐安主人《沪江商业市景词》，全文"东西影戏到春申，活动非常宛似真。各式传奇堪扮演，一经入目尽称神"。电影，早期又被称为"影戏"。

　　②　参考藤木秀朗《增殖するペルソナ：映画スターダムの成立と日本近代》，名古屋大学出版会，2007 年。

　　③　中国最早的电影短片，是 1905 年北京丰泰照相馆拍摄的京剧《定军山》，后来梅兰芳的《天女散花》等也被拍成电影，但均是直接将京剧胶片化。

几乎没有经历男演员反串表演阶段，而直接进入了女演员时代。为何在中日两国极为相似的社会背景下，国产电影的发展却呈现出截然不同的结果，这需要上溯至中国电影发展史，探讨电影和京剧的关系，以及从中国电影发祥地——近代上海的社会文化中寻求答案。

1920 ~ 1921 年，中国最早的故事片开始在上海拍摄，分别是《海誓》《阎瑞生》《红粉骷髅》，1921 ~ 1922 年间三部影片陆续公开上映①。

这三部电影有一个共通点，即女性角色均启用女性演员。《阎瑞生》中的妓女，由名为"小四儿"的从良妓女饰演；《海誓》的女主演是当时被人们称为"FF 女士"的摩登女郎殷明珠②；《红粉骷髅》里则活跃着一群文明戏女演员。当然，她们都是仅此一次的客串演出。

中国国产电影中的女性演员，始于 1913 年香港拍摄的电影短片《庄子试妻》中的侍女扮演者严珊珊。虽然对她来说不过是帮助丈夫黎民伟的一次短暂出演，但作为中国第一位登上电影银幕的女性演员，历史意义重大。然而此后至 1920 年的 8 年间，国产电影里却仍然没有女性的身影。原因有以下两点：一是中国电影本身还处于摸索阶段，而且因为一战期间无法从德国进口胶卷，电影制作几乎停滞，自然也没有对女演员的需求。另一点是这 8 年间，正是男女合演这种表演形式逐渐普及的时期。

第二章已经讨论过，上海的传统戏剧（京剧）界与歌舞伎界不同，很早就已经有女伶在活动。而且男女演员不同台的男女分演形式基本上终结

---

① 这三部长篇故事片拍摄之前，有新民公司《难夫难妻》（1913 年）、华美公司《庄子试妻》（1913 年）、幻仙影片公司《黑籍冤魂》（1916 年）等短片，均由新剧男演员饰演女性角色。

② 殷明珠（1904 - 1989），江苏省吴江县名门出身，13 岁时与家人移居上海，精通英语、擅骑马、舞蹈，是当时上海滩著名的"摩登女郎"，别名"Foreign Fashion"。后被但杜宇邀请进入上海影戏公司出演《海誓》，但因为家庭反对离开电影三年多，后与但杜宇结婚，夫妻二人一生致力于电影事业。

于 1917 年，男女合演成为主流趋势。传统戏剧之外的新剧舞台上也有很多女演员，更重要的是国产电影兴起之前，外国电影已经在上海蔚然成风，很受欢迎，欧美电影均是女演员饰演女性角色，所以外国女明星的印象已经深植入中国人脑海。在这种背景下，一战终结，大批美国胶片涌入中国，上海的国产电影制作进入腾飞期，所以导演们自然而然地开始启用女性演员。

只是最初，女演员并不好找，早期故事片中的女演员们最终只有殷明珠成为电影明星，中途她也曾因家庭的反对，拍完《海誓》后离开电影界数年。

1923 年，明星影片公司制作的电影《孤儿救祖记》大获成功。与家庭决裂进入电影界的女主演王汉伦，遂成为中国电影史上的第一位女明星，近代上海的电影女演员与国产电影同时拉开序幕。从 1923 年至 1937 年沦

殷明珠主演的《海誓》

资料来源：《半月》，1922 年第 1 卷第 11 期（全国报刊索引）

55

殷明珠

资料来源:《时报图画周刊》,1921 年第 63 期(全国报刊索引)

王汉伦主演的《孤儿救祖记》

资料来源:《良友》,1935 年第 105 期

陷，上海的电影事业蓬勃发展，是早期中国电影的黄金时代。很多女性为生计或其他原因投入到电影行业中，并在"明星制"体系下成为不可或缺的"女主角"，无论是人气还是人数均超过同时期的电影男演员，时至今日仍然是民国时期上海滩的象征符号之一。

关于 20 世纪 20 至 30 年代上海国产电影发展史的前期研究较多，大部分以作品研究为中心。如周慧玲、戴锦华、刘文兵①等人的著作均是以上海女明星为线索进行个别事例分析，主要焦点集中在其角色意义以及观众和社会反响方面，均是从性别学、戏剧学角度进行的研究。

其实，研究者经常关注的"女明星"，不过是电影女演员这个女性集团的代表者。国产电影的黄金时代里，电影女演员这一女性职业群体出现并逐渐扩大规模，多数女性靠此维持生计，而且其职业化进程及其生存状态，与京剧等其他领域的女演员相比呈现出独特的近代化特征。所以揭示电影女演员的职业化过程、整体构造与特征，有助于我们进一步理解早期中国电影史、民国上海电影产业的发展脉络，对今日的电影艺术及其产业发展具有一定借鉴意义。因此，笔者试图利用报刊、杂志、回忆录等资料，对电影女演员的职业构造及其特征做较为全面的梳理和分析。

另外，自同治年间至 20 世纪 20 年代电影流行为止，京剧一直占据上海娱乐界的霸主地位，因此各类女演员中以坤剧女伶最盛。后来随着电影的崛起，京剧逐渐丧失地位，京剧女伶的人气也逐渐被电影女演员所超越。这样一种从京剧到电影、从坤伶到电影女明星的变化趋势背后，必定存在社会文化变迁的背景。这种变化的发生原因，即近代上海社会发展的

---

① 周慧玲：《表演中国：女明星、表演文化、视觉政治，1910－1945》，麦田出版，2004 年。戴锦华著、宫尾正树译：《中国映画のジェンダー・ポリティクス：ポスト冷戦時代の文化政治》，御茶水书房，2006 年。刘文兵：《映画のなかの上海：表象としての都市・女性・プロパガンダ》，庆应义塾大学出版社，2004 年。

表象之一，也是正确理解电影女演员这个行业的关键。所以本章的目的之一，即阐明该人气变化的原因及其背景。

一 京剧与电影

1. 电影的崛起

近代以来，上海取代苏州成为南方戏剧中心，戏剧产业非常繁荣。自最早的戏院三雅园（1851 年）起，近代上海的"茶园"或"舞台"共有 120 多所①，其规模与数量比肩北京。各种戏剧流行之中，同治六年（1867 年）京剧进入上海，此后一直占据上海娱乐业的顶点位置。翻开当时的报纸、杂志，以京剧为首的戏剧广告、关于演员的八卦趣闻，以及文人的剧评充斥纸张，从中可感受到上海人的娱乐兴趣方向以及戏剧产业的盛况。

然而进入 20 世纪 20 年代，京剧的人气开始有所减弱，舶来品电影的崛起改变了上海娱乐产业的势力格局。

1924 年上海创刊的《电影杂志》这样形容电影的火爆人气："近年来电影事业，一跃而执娱乐界之牛耳。评论家风起云从，看报纸上琳琅满目，无一处不带点儿电影色彩"②"电影在今日的中国，可算是如初潮的怒长，真有举国若狂的现象"③。自 20 世纪 20 年代后半叶开始，以《申报》为首的各报纸刊登的电影广告和评论逐渐增多，进入 20 世纪 30 年代明显压过京剧，这十余年间诞生的电影杂志和报纸的电影专栏多达百余种，无一不说明上海社会对电影的高需求。

----

① 数据来自《中国戏剧志·上海卷》，中国 ISBN 中心出版，1996 年。

② 瘦菊：《征稿小言》，《电影杂志》第 1 号，1924 年 5 月。

③ 卢楚宝：《对初出世的〈电影杂志〉说几句话》，《电影杂志》第 2 号，1924 年 6 月。

当然人们对电影的热情不仅限于国产电影。1910 年以前，上海上映的电影大多是欧洲电影，一战后好莱坞电影和美国胶卷进入上海滩，市场占有率逐年增高。后来《孤儿救祖记》的高票房刺激了上海的电影从业者，国产电影制作才活跃起来。所以，"电影明星四字，几成今日最时髦之新名词矣。吾人试问报纸，几无日不见议论电影明星之文字，昔时所载，皆系外国电影明星，今则中国电影明星，亦时见于报纸矣"[①]。

下面简要介绍上海国产电影的发展过程。

电影产业包括电影制作公司和电影院，从电影史角度来看，通常电影制作公司的地位和作用要远远高于电影院。

近代上海的国产电影制作，可以上溯至 1910 年代的亚细亚影戏公司、商务印书馆活动影戏部等早期电影制作公司。后来有被称为近代上海三大电影公司的明星影片公司、天一影片公司、联华影业公司[②]等。20 世纪 20 年代，草创期的国产电影呈现出爆发性能量，而且南洋诸国对国产电影的需求量愈来愈大，电影公司可获得暴利，明星公司创始人之一周剑云曾说"民国十四年，上海一埠之制片公司多至四五十家，几乎每月皆有一二新公司成立。彼时南洋片商需要中国影片甚切，每一新片出版，皆得善价而沽"[③]，所以仅有两三千元资金、连摄影棚都没有的皮包公司泛滥，甚至还有流行语"导演多如狗，明星满地走"。但这个假繁荣很快结束，"从短期的虚假繁荣阶段陷入了 20 年代末期经济不景气低潮。上海的百多家影片公

① 悟空生：《论电影明星》，《申报》，1925 年 1 月 29 日。

② 明星影片公司，1922 年 2 月由郑正秋、张石川、周剑云等创立，1937 年因拒绝与日本合作，片场被破坏而关闭。天一影片公司，1925 年 6 月由邵氏兄弟创立，1937 年邵氏兄弟关闭上海公司，将资金和设备转移至香港，重组南洋影片公司。联华影业公司，1930 年由罗明佑的华北电影公司、黎民伟的民新影片公司、吴性栽的大中华百合影片公司、但杜宇的上海影戏公司合并成立，罗明佑任总经理，1937 年 8 月停止营业。

③ 周剑云：《中国影片之前途（一）》，《电影月报》，1928 年 4 月 1 日。

司纷纷倒闭，剩下了明星、天一、民新、神州、长城等十几家经济上奄奄一息的影片公司"①。为了对应这种情况，以三大电影公司为首的大公司不断兼并吸收小公司，终于在20世纪30年代初形成了稳定格局。根据《中国电影年鉴》的统计，1934年全国56家电影公司，上海独占49家。

近代上海的电影院，1931年时数量已接近戏园的两倍②，这说明了电影对戏剧的绝对优势。1937年《上海研究资料续编》对当时电影在市民生活中的作用做出如下总结。

> 电影在上海的娱乐生活中占一位置，自1903年（清光绪二十九年）始。此项新兴的艺术，是能引起极多数人的爱好与欣赏，所以电影商业随时俱进，迄今不特与中国旧剧分庭抗礼，并且有驾而过之的趋势。上海现在有专门放映电影的剧院三十三所至三十六所之间，去年有一本电影画报，名叫电通画报的，它将这许多电影院的摄影标于一张上海地图上，加一行大标题道："每日百万人消纳之所!"电影的魔力跟电影院在上海市民生活中的地位，盖可知矣。③

引文中的1903年，正是西班牙人拉莫斯（A. Ramos）在上海借用戏园放映电影的时间。5年后的1908年，他建成近代上海第一座电影院——虹口大戏院，之后新式电影院如雨后春笋般陆续落成，经营者大部分都是外国人。

因为外国人主导的电影院优先放映欧美电影，所以明星影片公司率先于1925年收购京剧戏园"亦舞台"，改造为"中华大戏院"，主要上映本公司出品的国产电影。1926年各电影公司合作成立中央影戏公司，以租赁

---

① 孙瑜：《银海泛舟——回忆我的一生》，上海文艺出版社，1987年。
② 《上海通史》第九卷，上海人民出版社，1999年。
③ 《上海电影院的发展》（1936年1月发表），《上海研究资料续集》，上海通社，1939年。

或收购的方法从拉莫斯等外国人手中获取了部分电影院的经营权①。自此国产电影的排片与上映的障碍基本消失。

明星影片公司张石川、周剑云

资料来源：《明星（上海1933）》，1936 年第 7 卷第 1 期（全国报刊索引）

天一影片公司邵醉翁、陈玉梅

资料来源：《武汉画报》，1934 年第 24 期（全国报刊索引）

---

①　徐耻痕：《中央影戏公司组织之经过》，《中国影戏大观》，大东书局，1927 年。

联华影业公司罗明佑

资料来源：《现代父母》，1935 年第 3 卷第 5 期（全国报刊索引）

2. 国产电影流行之原因

简单梳理上海国产电影的发展过程与人气程度之后，我们会产生新的疑问，为何短时间内舶来的电影会迅速压过传统京剧的人气呢？下面从商业和思想内容两方面讨论这个问题。

1921 年，中国电影先驱人物顾肯夫在《影戏杂志》创刊词中比较了戏剧和电影，说明了电影在实际操作中的几点优势，要点整理如下[①]。

费用的经济——胶片去各地放映的费用低于戏班整体活动的费用。

时间的经济——胶片去各地放映比戏班的移动更加节省时间。

精神的经济——放电影不需要像招待戏班那样花费精力和人手。

---

① 顾肯夫：《发刊词》，《影戏杂志》第 1 卷第 1 号，1921 年 4 月。一般认为《影戏杂志》是中国最早的电影刊物，但《上海电影志》认为 1921 年 2 月发行的《影戏丛报》更早。

价目的关系——观众买便宜的电影票可以同时观看多个明星的表演。

再演的关系——戏剧无法保存，电影可以永久保存。

人数的关系——电影院可以同时有很多人观影，即使坐在后排也能听清看清，而戏院在后排看不清也听不清。

在国产电影刚刚起步的20世纪20年代初，顾肯夫已经从客观商业角度发现了电影的优势，预测了电影产业的潜在发展力。按照他的思路，电影不仅比京剧，其实比所有的舞台剧都具有高效率性和高盈利性。

除了上述六点优势，顾肯夫还提及电影的教育功能。只是1921年国产电影还没有大量出现，似乎显得欠缺说服力。20世纪30年代以后，已经涌现出大量优秀的国产作品，因此关于电影的评价开始涉及情节内容即精神层面。综合来看，人们对电影的认识，通常与"近代"一词紧密相关。

例如1933年《申报》的文章《电影与京剧》①。作者任西达比较京剧和电影，分析了二者流行的原因。京剧是"一种贵族的封建式的综合艺术"，且"无论是题材、辞句、思想、腔调、音乐、布景、服装，以及动作等等，都充满封建思想、农业色彩"，但最大的缺陷是"无论如何不能表示现代的情感"，"因此在现在这电气、工业的时代里，京戏势力就被电影所夺取"。

而与京剧相比，电影是"一种资本主义式的综合艺术"，评价其"思想比京戏进步，并且服装、动作、音乐、歌曲以及对白都现代化，在艺术的构成上，也科学化、细致化、演出和学习都容易"，且"中国电影，确曾把封建的观众思想，带进了一步"。

任西达的观点应该代表了当时电影爱好者以及"思想新"的人们的想法。在快速实现近代化的上海，只能上演古代故事的京剧被认为是落后于

---

① 任西达：《电影与京戏》，《申报》，1933年6月14日、15日。

时代了。其实早在清末上海，即有认为传统京剧无法表达近代式情感的思潮出现，因此诞生了新剧。另外在新文化运动的影响下，"传统"易被等同于"封建"，是妨碍社会进步的存在。这种氛围下，可以表现近代性内容的电影无疑是最符合时代发展的娱乐。上海这座都市也汇聚了有利于电影发展的各种要素，并且它是电影流入中国的窗口，都市文化发达、环境宽松的租界中聚集了大部分电影公司。

虽然在人气上输给了电影，但京剧并没有彻底沉默消失，而是依然被很多老观众支持并持续发展着。对此，任西达分析原因说："京剧却有它的一个特点，就是京戏它有十足的中国色，非常表现中国的民族生活与情感。虽然这种情感与颜色，是封建性的、农业式的，不是现代所需要的，但却真是中国民族生活的特点，这种特点，它时时刻刻都能引动中国人的同情。因此京戏除了一般思想守旧的观众外，也还能引诱另外一般思想新的观众"，这也许是京剧虽有曲折但能长盛不衰的理由。

电影和京剧的观众群体也有很大不同。所谓"思想新"的观众，是指受到新文化运动影响的年轻人，以及学生、教员、新兴中产阶级等，这些人是电影的主要观众。另一方面，上海经济圈吸收了大量周边地区的破产农民和手工业者，对这些劳动者来说，比起高档的西式电影院、字幕讲述剧情的无声电影，还是热闹的戏园和京剧更加亲切且便宜。与外国人把持电影院不同，戏园的经营者往往是上海各帮会。20世纪20～30年代上海的主要京剧剧场，几乎都被"青帮"把持，黄金荣、杜月笙等人本身即京剧爱好者，他们经常从全国召集名伶开"堂会"，妾室中有不少京剧女伶。他们支持并把控着传统戏剧产业，同时也是传统戏剧的重要观众。其他如商人、主妇等根据个人爱好，可以是双方共同的观众。整体看来，京剧和电影各自持有固定观众层，也有部分重合。

概言之，近代上海社会，具有中国特色的传统京剧曾位于各娱乐产业的金字塔顶，但这一地位逐渐被内容和形式都具有近代性的电影所取代，电影产业在商业层面也更加符合近代都市文化的特征。

虽然外国电影依然具有很大影响力，但观众对本国演员显然更容易带入感情，电影的成功为国产电影女演员提供了平台。即随着电影对京剧的超越，电影女演员的人气也开始追赶京剧女伶。当然两种女演员的上位原因不仅在于其载体之间的胜败，电影产业之制度更加速了女演员的崛起，下一节以电影女明星为例讨论电影女演员成功的原因。

二 所谓"女明星"

1. "女明星"与电影制作

1934 年因主演电影《桃李劫》而踏入女明星行列的陈波儿，于 1936年在《妇女生活》杂志发表《女性中心的电影与男性中心的社会》一文[1]。文章开头她提出一个问题"为什么你喜欢看女明星（而非男演员）主演的片子"，然后围绕这个问题展开了论述。

> 当你要去看某一张影片的时候，头一件注意的，是不是主演人是谁？是不是常常更注意于主演的女明星是谁？我相信十之八九的观众是这样的，这差不多已经成了一般观众的习惯心理了……为着这个原因，制片商为要迎合观众心理起见，也就很注意于主演人，更注意于女的主演人。制片商的目的谁都知道是为着赚钱，女明星既可以做他们的摇钱树，他们就用广告、宣传以及其他各种方法来抬高女明星的声望。这样，观众们也会受了广告、宣传和其他各种方法的影响，而

---

① 陈波儿：《女性中心的电影与男性中心的社会》，《妇女生活》，1936 年 2 月 16 日。

更形拥戴，甚或发迷。

真实情况是否如陈波儿所言？我们先以 20 世纪 20 年代的明星影片公司为例，来看当时以女明星为中心的电影制作体系。

1926 年，导演卜万苍与演员龚稼农、张织云脱离民新影片公司进入明星影片公司（以下简称明星）。当时明星制片厂分为三组，同时拍摄三部电影。卜万苍成立第四组，以张织云为中心拍摄《未婚妻》。原本隶属第四组的龚稼农中途还加入第二组，参演王汉伦主演的《一个小工人》的拍摄。这似乎是当时习以为常的演员配置和拍摄惯例，根据龚稼农回忆，"当时分四组拍戏，有一个不成文的规定，女主角由各组自聘专用，男主角或其他配角则可以交换调用，所以作导演的人，必须至少要掌握一个女明星，如能培植一二有票房价值的女演员，不但导演的地位可以巩固，而且也可以顺便沾光，因女星之红而吃香"①。

很明显，电影拍摄的中心是女主角即女明星，其他包括男主角在内的所有人员都要围绕女明星活动。这与传统京剧界的习惯恰恰相反，清末京剧界流行人气俳优自组戏班的"名角挑班制"，基本取代了之前的班主制。只是所谓"名角"，基本仅限于像梅兰芳这样的男角。

除了拍摄电影，影片公司还会为女明星考虑各种噱头和宣传手段。王汉伦的歌舞、杨耐梅的歌曲、徐琴芳的京剧等都是重要的电影宣传要素。剧本家范烟桥就大批观众来到电影院观看徐琴芳表演京剧一事做出评价，"他们对于电影女明星，有一种渴望丰采的心……因此观众对于电影的真正价值，绝少顾问，最好有女明星来露一回脸，就是电影坏一点也不妨

---

① 龚稼农：《龚稼农从影回忆录》，文星书店，1967 年，第一册，72 页。

的"①，可知女明星自身即卖点。龚稼农也曾说："成名的宣传方法虽各异其趣，归纳起来总离不开女人秘密的揭露，桃色纠纷的渲染，奇装异服的炫耀等等，凡可引起影迷好奇心理的资料，都可以加以运用"②。1930年代以后三大电影公司为了独占市场，都推出了自己的看家女明星，胡蝶（明星）、阮玲玉（联华）、陈玉梅（天一）三人的"电影皇后"竞争火遍上海滩，无形中将女明星的风头推到了最高点。

　　除了女明星的个人因素，纵观民国时期所有的上海国产电影，以女性为题材的电影比重非常大。从20年代的寡妇、侠女、妓女，到30年代的新女性、女性社会问题等，几乎所有题材的电影中均有女性出现，自然对电影女演员的需求愈来愈大。

阮玲玉

资料来源：《良友》，1935年第103期

---

① 范烟桥：《两种观众的心理》，《电影月报》，1928年9月10日。
② 龚稼农：《龚稼农从影回忆录》，文星书店，1967年，第二册，311页。

梅兰芳与胡蝶在俄罗斯（前排左一、左三）

资料来源：《良友》，1935年第105期

2. 男女观众的"女明星"情结

陈波儿对于"你为什么喜欢女明星主演的电影呢"这个问题有非常肯定的回答，即"这就是因为这个社会是男性中心的社会"。但仅此似乎过于笼统，观众对电影的选择或观影心理具体是怎样一种状态呢？

首先看男性观众对女明星的心理。

20世纪20年代、30年代的报纸和杂志等媒体中，女明星是全国性的流行人气话题，因此描述男性对女明星的心理和行动的文章较多。如1937年的《时代电影》刊登了彭兆良《银幕情人——女明星底魅力分析》[①] 一文，其对男性心理描写如下。

这是"银幕情人"女星们的魅力啊，为舞女歌女之流所不及的魅

---

① 彭兆良：《银幕情人——女明星底魅力分析》，《时代电影》新年号，1937年1月。

力啊……银幕上尤其是那些表示爱情的迷惑的方式，足以引人癫狂……凡稍富情绪的男子，处此情形下，大都会心动神摇，正像读红楼梦的男子，每把林黛玉幻想成自己的情人，他们也就会把银幕女星引为自己崇拜的对象……女明星的魅力虽肇于她们的职业，而实成于影迷们好色爱美的心理反应，既无神秘，也无奇异，凡魅力愈大，也是她们的职业——表现的技术，愈见成功。

如上所述，男性对女明星的支持首先来自好色本能，这一点与第一节坤伶的状态相似。虽然领域不同，但作为女演员吸引男性的第一要素多为"色"，特别是与身着繁重衣裳、浓重妆容、按照固定程式饰演古人的京剧女伶相比，自然、现代的电影女演员更具有女性的天然魅力。

另一个理由是对女明星的假想恋情，这一点体现在影片公司要求女明星坚持独身的规则方面。例如 20 世纪 30 年代的女明星王人美与"电影皇帝"金焰结婚后，联华公司马上与她中止了合同①，因为女明星一旦结婚，意味着男性的假想恋爱对象的消失，即失去了男性观众。

再来看女性对女明星的心理。

众所周知，京剧的观众绝大多数是男性。电影则不同，至少一半为女性，女性对女明星的憧憬，又具有与男性观众截然不同的热烈。

1933 年，天津《北洋画报》报道《杭女生之胡蝶狂》，内容是说杭州某女子中学的学生们联名给上海的电影女明星胡蝶写信，请求签名，言辞相当激烈。"老实话，我们羡慕的状况，差不多要像发狂的人一般，假使你不能怜念我们而拒绝了我们的要求，那么我们觉得人生太没有兴趣了，

---

①　王人美口述、解波整理：《我的成名与不幸》，上海文艺出版社，1985 年。

或者自杀，也未可知"①。另外《申报》也有类似报道，一位叫刘飞飞的湖南少女发誓为自杀的阮玲玉报仇，以己身投入电影界②。

女性倾慕女明星，自然与美色无关。从"摩登女郎"发展而来的女明星引导着上海的时尚，随着电影的繁荣，集模特、封面女郎等工作于一身，经常出现在日历或杂志上。所以女明星虽然诞生于上海，但其影响力大至全国，比京剧女伶更加能够全方位渗透人们的日常生活，且对女性服装、妆容、时尚等具有引领作用，因此常常成为女性的楷模。

陈波儿认为女性支持女明星的现象源于：一是为了适应社会统治者男性的审美眼光，二是与女明星的银幕形象产生共鸣，三是认为电影明星是女性获得社会地位的唯一职业。那么果真如她所说，近代上海女性心目中电影明星是地位高尚的职业吗，电影女演员这一职业的真实状态又如何呢？下一节具体讨论这些问题。

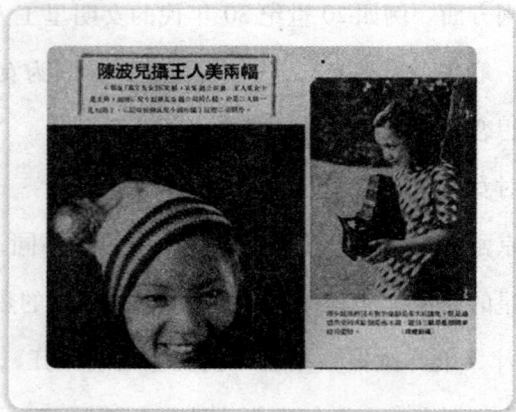

陈波儿与王人美

资料来源：《电影生活》，1935 年第 4 期（全国报刊索引）

---

① 《北洋画报》，1933 年 12 月 19 日。
② 梦若：《刘飞飞不是电影迷》，《申报》，1935 年 3 月 26 日。

三　电影女演员的形成与发展

五四解放运动影响下，民国上海诞生了一批新型女性职业，如地位较高的女医生、女教师、女律师，还有较为平民化的纺织女工、百货大楼售货员、女招待等。在众多新兴女性职业中，电影女演员光鲜靓丽，为世人所瞩目，成为影响上海都市文化的重要力量。提起民国上海滩的电影女演员，大多数人也许会首先想到阮玲玉、胡蝶这些红极一时的女明星，且无意识地将女明星等同于电影女演员。其实这种看法并不全面，因为从职业角度定义电影女演员，应该包括出演电影的所有女性。因此在开始讨论电影女演员的职业化之前，首先要厘清女演员的范畴。

根据龚稼农的回忆："1920、1930 年代的上海，电影演员主要可以分为'基本演员''临时演员''特约演员'这三种类型"[①]，并适用于男女演员。基本女演员，是指与电影公司有正式合同关系、每月领取固定薪资和奖金的职业女演员。需要指出的是，国产电影起步时期，从事电影的人大都是以业余身份参加这项新兴艺术的，如殷明珠以"FF 女士"之名参演《海誓》纯属玩票性质，并不意味着她从此成为职业演员。被世人公认的"中国第一位女明星"王汉伦，则是在《孤儿救祖记》大获成功之后，才与明星影片公司签约成为专属演员，所以也可以说她是中国最早的职业电影女演员。后来随着国产电影的发展，对演员、特别是女演员的需求不断增多，电影女演员逐渐发展为一种人气行业，当时的女性可以通过多种途径成为电影女演员，如通过熟人介绍进入明星公司的王汉伦，被导演看中而自妓女从良的宣景琳，从多数应聘人照片中被选中的张织云，毕业于中华电影学校后直接登上银幕的胡蝶等。

---

① 龚稼农：《龚稼农从影回忆录》，文星书店，1967 年，第一册，67～68 页。

整体来看，电影公司招入女演员时，最常用的方法是开设电影学校和公开招募。中国最早的电影学校——明星影戏学校，是明星影片公司创立时同时开设的，1922年4月开始招生，6个月为一个学期，1924年曾停办过一段时间，其后至30年代后半期一直断断续续地开办着。

明星影片公司导演程步高对上海的电影学校做了简单说明：

> 凡电影公司新成立，筹拍新片，要新演员，于是开办学校，以应急需……训练三月，即告结业。公司依照新片需要，量才录用。原是一时应急，并非永久培养新人之计。有需要即办，无需要即停。早期许多电影公司，都有办电影学校之举，一次至数次者。当年大批男女年轻影迷，早有投身影界的决心，无奈电影公司，门禁森严，无人介绍，怕难问津。学校公开招生，大开方便之门，蜂拥报名，亦是唯一的终南捷径。早期许多男女明星，电影学校出身者不少①。

电影学校的主旨是培养演员，各学校共通的中心课程是训练演技，其他还有电影理论、化妆、舞蹈、音乐等。同时，学校还教授摄影和编导，兼培养摄影师与导演。程步高认为电影学校是一般人成为演员的路径，而且强调是"唯一的终南捷径"。"唯一"显然言过其实，但从现在可以找到的演员履历来看，当时出身于各个电影学校的演员确实不少。20世纪20年代中后期，因电影产业的快速发展，上海滩一时间电影学校林立，如1924年成立的中华电影学校、菩萨电影公司附办影校②，还有像坤范电影女学这样的依附于一般学校的女演员专门培训学校③。另外1926年成立的

① 程步高：《影坛旧忆》，中国电影出版社，1983年，133页。
② 《菩萨电影公司附办影校》，《申报》，1924年8月26日。
③ 《坤范电影女学已开学》，《申报》，1924年7月31日。

新人影片公司、民新影片公司，1927 年成立的明星影片公司等，均有其附属的培训学校。据统计，1926 年以前共有"影戏学校"15 所①，但至 20 世纪 20 年代末，上海电影产业通过优胜劣汰发生整合，小规模电影公司陆续破产或被兼并，电影学校随之减少但没有完全消失，仍时常会出现在人们的视野中。

　　与电影学校同时推进的还有另一种演员募集方法。20 世纪 20 年代、30 年代的上海新闻传媒业发达，发行有许多报纸、杂志、画报等，因此通过媒体招募女演员较为容易。1924 年 9 月 15 日的《申报》报道了神州影片公司的女演员招募过程，"神州影片公司，为汪熙昌所创办，昨日考验女演员一次。因资格限制颇严，故应考者仅二十余人。考试时之方法，甚为新颖，先使应试者化妆，逐一至摄影机前试演表情与动作三段。末后，又使全体应试者，鱼贯行走，各拍前后影一次。既毕，遂进茶点而散。现公司拟待影片制成后，再于试映时，评判优劣，以定去取云"②。通过上述内容我们可以窥见当时电影公司录取女演员的过程。那么面试者如果被影片公司录取，又将会面临怎样的星光大道。

　　1926 年，明星影片公司摄影工厂第四组筹备影片《挂名夫妻》，在各大报纸发布募集女主角的广告。据说公司考虑到当时社会对女演员的偏见，并没有对学历、家庭背景等有严格要求，只要上相即可报名。广告发出第二天，一位年轻女子前来面试，导演卜万苍与之交谈并观察其表情，对话约 20 分钟后即决定录取，第二天试镜，该女子没有接受任何演技方面的训练，即由导演一边下指令一边完成拍摄，随即成为明星公司的基本女演员，后来接连出演了几部电影但均没有走红，1929 年跳槽至新成立的联

---

① 龚稼农：《龚稼农从影回忆录》，文星书店，1967 年，第三册，477 页。
② 《神州影片公司考验演员》，《申报》，1924 年 9 月 15 日。

华电影公司，很快获得人气成为当红女明星。她，就是大名鼎鼎的阮玲玉。

如上所述，通过面试得到录用的女性可以与电影公司签下合同成为基本女演员，但当时合同的约束力很低，如果在某公司得不到重用，女演员随时可以跳槽至其他公司。同时，各电影公司也时刻全力引进其他公司的明星，并努力发掘有潜力的女演员。所以，即使被电影公司录取为基本女演员，能否走红还是要看个人才能与运气，成功的女明星即拥有人气的"基本女演员"。

成为"基本女演员"之后，电影公司每月支给工资，可以保证其基本生活。女演员的薪资根据公司的运营状况和个人名气来决定，当然也随着电影产业的兴盛和通货膨胀而稳步上涨。如：1923 年，王汉伦与明星影片公司签约时月薪仅有 20 元；1925 年，宣景琳同样作为新人签约，月薪已达到 100 元；1928 年，胡蝶从天一影片公司跳槽到明星影片公司，作为当红女明星的月薪 1000 元。电影女明星的月薪，与当时"包银"动辄超过千元的京剧女名角相比并不是太高，但考虑到京剧名角要自费支付随员的报酬和购买高价"行头"，所以在当时的上海女明星应该属于高收入阶层。

虽然一般人成为基本女演员可以有上述途径，但如时人所说："我们这个上海，青年男女为了进入电影界的欲望，应聘电影学校或新开公司等结果被骗的新闻，时常在报纸上看到。这样的事真是没有尽头啊"①，现实中进入电影界似乎还是障碍重重，当然也从侧面反映出电影演员这一职业的受欢迎程度。

另外提及一点，就是近代中国的电影女演员与广东的密切关系。20 世纪 20 年代的电影女演员多出身于广东，其理由之一是上海开港之后广东人

---

① 《电影演员的招考》，《申报》，1935 年 4 月 21 日。

大量迁移进入，活跃于社会各个阶层。理由之二则如胡蝶和包天笑各自在回忆录中所叙述的[①]，在中国社会对女演员仍抱有偏见时，广东女性最早与外国接触，思想较为开放，而且很多电影女演员都是贫困家庭出身，像殷明珠、杨耐梅等来自富裕家庭的女明星不过凤毛麟角，而且她们几乎都有过反抗家庭阻力的经历。另外，"则于缠脚也有关系，缠了脚的女孩儿，总是拘拘束束，即使放大了，还是故步自封，谁像广东女孩子是不缠脚的，赤脚就赤脚，行路跳跃如飞，那就适合于演剧了呢"[②]，这告诉我们电影女演员与缠足是无缘的。20 世纪 30 年代以后，"什么湖南、北平、宁波、安徽的新星涌现了出来，一时广东派便黯淡了许多"[③]，但纵观近代中国电影史，广东女子自始至终都占有较多席位。

四　"临时女演员"的嬗变

一部电影中，除了专属于电影公司的基本女演员之外，还有一些临时雇佣的女演员在饰演各种角色。但人们的视线往往集中于耀眼的女明星身上，而经常无视如银幕背景般的临时女演员。其实除了女明星和不甚出名的基本女演员之外，电影对临时女演员的需求也很大，实际使用人数众多。因此随着电影产业的发展，专门组织、调配临时女演员的中介公司出现了。

有关临时女演员的记录可上溯至王汉伦时期。她回忆 1923 年拍摄《孤儿救祖记》时，"因为当时很多临时演员都是不十分正派的人，有二流

---

① 胡蝶：《胡蝶回忆录》，联合报社，1986 年，20 页。包天笑：《钏影楼回忆录续编》，大华出版社，1973 年，96 页。

② 包天笑：《钏影楼回忆录续编》，大华出版社，1973 年，96 页。

③ 银汉：《电影女演员与广东精神》，《正报》，1939 年 4 月 1 日。

子，也有妓女，他们常常打情骂俏地说些下流话、风骚话"①。中国自古以"戏子"为贱业，所以早期电影启用了不少妓女。

再根据龚稼农回忆："早期国产电影拍摄惯例是由经理人负责寻找临时演员，而临时演员的中介所出现则是民国十五年（1926 年）以后的事情了"②。随着武侠电影的流行，武打场景需要很多临时演员，当时最著名的是位于马立斯街的介绍所，但具体情况不明，也没有女演员相关的记载。我们仅从龚稼农的回忆可以确认，表演武打镜头的临时男演员按日薪结算报酬，一般是 7 角、8 角至 2 元不等。

1932 年《申报》有了一点临时女演员的报道，记录了某摄影场地发生的小意外③。具体情况是 45 人的临时演员从下午 3 点一直拍摄到翌日凌晨4 点，走出摄影场之后没有人力车，又冷又饿的同时还被坏人袭击。报道最后写道："她们尝尽了一晚半日的苦，代偿仅是一元五角，男的是一元"，明确写出了临时演员的薪酬。由上述资料可知，临时女演员确实存在于电影界，那么她们是通过何种途径得到这个工作，又有哪些人和组织参与其中呢？

1935 年，《电影新闻》杂志刊载了《一个临时演员的自述——初次上镜头记》④ 一文，作者"葛爱娜女士"详细描述了自己做临时女演员的真实体验。首先她在报纸上看到某公司招聘临时男女演员的广告，遂去该公司报名，并上交半身照片一张；翌日，她收到该公司通知，得知具体拍摄日期，条件是要精心准备华丽的礼服；拍摄当天，葛爱娜女士与其他临时

① 王汉伦等：《感慨话当年》，中国电影出版社，1962 年，53 页。
② 龚稼农：《龚稼农从影回忆录》，文星书店，1967 年，第一册，69～70 页。
③ 麦：《临时演员的酸辛》，《申报》，1932 年 11 月 10 日。
④ 葛爱娜：《一个临时演员的自述——初次上镜头记》，《电影新闻》，1935 年 7月 28 日。

演员集合后一起去电影介绍所接受面试，最终 20 人中有 12 人入选；这 12 人转移到片场，电影导演再次选拔，最终只剩下 8 人，并且给这 8 人提供了午餐和晚餐；主演们先进入片场，拍完后已到了晚上，才终于轮到临时演员，但只用了一二分钟就拍完了；最后，电影公司和介绍所各抽成三分之一，临时演员拿到手的只有几角钱。

这篇报道清晰介绍了一般人成为临时演员的整个过程，简单来说就是按照某公司→电影介绍所→片场这个顺序推进。值得关注的是组织应聘者的"某公司"和被称为"电影介绍所"的社会组织的存在及其具体功能。文章最后，作者葛爱娜女士将最初的"某公司"称作"原介绍公司"，从这个称呼可以看出，最初在报纸上打出广告的某公司与进行第一次面试的电影介绍所，其实是同一性质的中介机构。而且从当日的流程上看，这种中介机构的操作似乎已较为娴熟。

《记"临时演员"之家"联合社"》一文告诉我们更详细的信息[1]。根据这篇文章的记述，上海最早成立临时演员介绍所的是一个叫潘守华的人，他原是明星影片公司职员，从杂志介绍的英国演员介绍所受到启发，与十几位朋友一起合作成立了"明星演员介绍所"。虽然没有写明介绍所的成立时间，但 1934 年拍摄美国电影《大地》时，该介绍所提供了大量的临时演员，所以最迟也应该成立于 1934 年以前。后来该介绍所更名为"上海社"，开设演员训练班、舞蹈班等，扩大为培养专业临时演员的公司。抗日战争结束后，又改名为"联合电影演员服务社"，逐渐成长为向所有电影制作公司提供临时演员的大规模中介机构。文章中还说"今日很多电影明星，都是当时《大地》中的中国人演员"。由此可推断临时女演员成为女明星的可能性大大存在，而这些中介机构也是一般女性进入电影

---

[1] 马森：《记"临时演员"之家"联合社"》，《青青电影》，1948 年 8 月 4 日。

行业的一种途径。

如上所述，从最初的妓女到广告募集，再到专业的介绍所，随着电影产业的不断发展，专门培养、组织临时演员的中介机构也随之出现并逐步壮大。作为国产电影的根据地，上海每年都有大量电影作品诞生，对演员特别是女演员的需求量很大，因此临时女演员频频上阵演出。为了迎合不断扩大的演员需求，出现了中介机构且其功能不断完善，如"联合电影演员服务社"这样经历战争、存续 10 年以上的大规模中介公司，已经不仅仅召集临时演员，而且开始培养专门人才。如上节论述的电影学校均是短时期即结束，并没有长期存续扩大的电影演员培训机构，而这些中介机构在追求基本利益的同时，已经兼具如今电影学院或艺术学校的功能，这也可以说是自电影产业中派生出的新型产业了。

除了上述几种途径之外，舞台女演员也是电影女演员的重要来源之一。下一节考察电影女演员与话剧女演员、歌舞剧女演员的行业差别，并阐明各表演领域之间女演员的互动情况。

五 舞台与银幕

如果将女演员这一职业整体纳入视野，可以将其分为银幕女演员和舞台女演员两大类。20 世纪 20 年代、30 年代上海的舞台上，活跃着京剧和各种地方戏、话剧、歌舞剧等女演员。

京剧、梆子戏、昆曲、粤剧等中国传统戏剧，各有其规定程式，需使用独特的唱腔与动作来表演。专业的戏剧女演员，也必须自幼接受长期的专门训练才可掌握其技艺，所以首先电影女演员转行为戏剧女演员是不太现实的。反过来说，传统戏剧的女演员参演电影的例子也不少，但彻底转行成为电影女演员并打出名气的似乎只有袁美云等极少数人。民国时期的上海舞台，除了传统戏剧还有话剧和歌舞剧在上演，它们均具有近代性的表演内容和表演形式，与电影艺术的特点相近，也不需要传统戏剧的特殊技艺。因此，电影女演员与话剧女演员、歌舞剧女演员之间进行了频繁互动。

1. 歌舞剧女演员对电影的贡献

说到近代中国的歌舞剧，就不能不提到黎锦晖的"明月社"。黎锦晖是近代中国音乐的先驱人物，1929 年在上海创建"明月歌舞社"，一般称之为"明月社"。该歌舞团的成员几乎都是少女，她们不仅在上海，还在中国北方与东南亚地区进行公演，影响较大较广。而且这一时期的"明月社"为中国电影界输送了很多女明星，明月社的"四大天王"王人美、黎莉莉、薛玲仙、胡笳，后来全部成为电影女明星，还有黎明晖、徐来、周璇等人早期均在该社表演，在成为电影明星之前已经在歌舞剧舞台上积累了一定人气。1931～1932 年间，"明月社"被联华电影公司吸收，改名为"联华歌舞班"，一边继续进行歌舞剧表演一边拍摄短篇电影。

当时，以"明月社"为代表的中国歌舞剧尚处于摸索阶段，无论是作为艺术形式还是娱乐产业均不够成熟，人气也远不及电影，黎锦晖本人也承认这一点，"联华影业公司经理罗明佑想把明月的全体团员吸收过去，组成歌舞班。我想到团体的前途，参加电影工作最有出息，团员也感到工作和生活都有保障，全体赞成"①。而且在"明月社"变为"联华歌舞班"以后，"我们开始有了受到正规的待遇。全体一律由公司提供膳宿，演员、乐师们分等级支给工资，练习生月薪都是十五元。并规定，拍的片子成绩好，受观众欢迎的练习生，随时可提升为演员与公司直接订合同。这个鼓

---

① 黎锦晖：《我和明月社（下）》，《文史资料丛刊》，文史资料出版社，1983 年，229～230 页。

励起了一定的作用，她们在班中生活严肃，遵守纪律，积极锻炼，希望争取当上电影明星"①。

除了"明月社"，还有如"梅花歌舞团"等主要表演少女歌舞剧的团体，但其影响力均不及"明月社"。当时从事电影业与歌舞剧行业的黄嘉谟曾说，"在中国，迄今为止只有极少数的小规模歌舞剧团出现在上海和北平，而且组织贫弱，人才不足，因为欠缺生活物资，是不知明天的状态，即使有很有希望的人才出现，也都被渴望人才的电影界夺走"②。

由此可见，同样是娱乐产业，尚处于萌芽期的近代中国歌舞剧还无法与电影相匹敌，二者的地位和人气有明显落差，这个落差决定了女演员由歌舞剧界单方向流向电影界。

黎锦晖

资料来源：《明星家庭》，1934 年第 1 期（全国报刊索引）

---

① 黎锦晖：《我和明月社（下）》，《文史资料丛刊》，文史资料出版社，1983 年，229～230 页。

② 黄嘉谟：《中国歌舞剧的前途》，《良友》，1934 年 12 月 1 日。

2. 戏剧与电影的互动交流

1928 年，洪深将通过语言与动作表演的舞台剧，正式命名为话剧。20世纪 30 年代以后，话剧逐渐在上海的娱乐产业中占据重要位置，与电影界人士的互动也频繁起来。当时，电影与话剧的关系是比较密切的，电影杂志上关于话剧及其演员的报道也很多。例如 1933 年《申报》有文章名为《从舞台跑到银幕》①，主要介绍了进入电影界的"女话剧家"胡萍、艾霞、王莹、叶秋心、仓隐秋等代表人物，其中叶秋心还是翌年《良友》杂志评选的"八大明星"之一，王莹更是凭其在话剧舞台上的"新女性"形象和声望，由沈西苓介绍进入明星影片公司为基本演员②。1935 年，《申报》文章《电影与戏剧的交流》说："但是另一方面话剧自身却因之沉寂起来，阻滞了戏剧的进路，另一方面，专事戏剧的人们给电影吸收了去，也是一个主要的原因"③，这说明了话剧界与电影界的相互影响。虽然整体趋势是话剧演员流向电影界，但文章的主题是话剧演员与电影演员合作参加"上海舞台协会"主办的话剧公演，在金城大戏院的公演中，电影明星王人美、丁子明等都登上了话剧舞台。

1936 年《时代电影》中的《论电影演员从事话剧活动》一文则介绍了相反的情况，文章开头说"中国戏剧的演员中最近有明显倾向，即很多电影演员皆参加话剧"④，但也说明有时并不是电影演员转行至话剧，只是因为他们喜欢演话剧。

从上述报道中可知，与歌舞剧女演员单方向流向电影界不同，话剧界与电影界之间并不是单向移动，而是经常性的双方互动，话剧与电影的双

---

① 红薇：《从舞台跑到银幕（上）（下）》，《申报》，1933 年 1 月 14 日、15 日。
② 龚稼农：《龚稼农从影回忆录》，文星书店，1967 年，第二册，328 页。
③ 罗夫：《电影与戏剧的交流》，《申报》，1935 年 2 月 7 日。
④ 天君：《论电影演员从事话剧运动》，《时代电影》，1937 年 3 月 25 日。

栖女明星很多。

另外还有下述例子。20 世纪 20 年代末，夏佩珍是与胡蝶齐名的当红女星，后因病休养一年，复出后在电影界已然人气不振，她为了家人的生活不得不找其他的工作，结果被亲戚夏天人劝说进入话剧界谋活路。与夏佩珍同样，杨耐梅、范雪朋、赵静霞、吴素馨等曾经红极一时的电影女明星，也都参加过顾无为的"大中国剧团"，出演过舞台剧《啼笑因缘》等①。

无论是夏天人还是顾无为，严格来说他们都不是从事话剧而从事新剧（即文明戏）的相关人员。文明戏是话剧的前身，诞生于清末上海，辛亥革命之后逐渐衰退，但并没有完全消失，而是长期与话剧并存。在电影界已经过气的女明星虽然很难进入主流的话剧团，但能够参演末流的文明戏，这也许是继续其演员生命的无奈手段之一。

随着上海国产电影的发展，行业对女演员的需求也在不断扩大。但在当时没有专门培训机构的情况下，发掘到像阮玲玉这种天才演员并非易事。除了电影学校与公开募集这两种途径之外，各电影公司还积极发掘具有表演经验且已经具有一定舞台知名度的歌舞剧和话剧女演员，因为女明星自身的人气也会大大影响票房。另外，因为电影的题材与内容越来越丰富，经常需要歌舞等真实表演，待到有声电影问世，能说国语即普通话也成为女演员的必要条件。因此，擅长演唱与舞蹈的歌舞剧女演员，以及可以流畅说普通话的话剧女演员，反而比一般的电影女演员更有优势。所以20 世纪 30 年代以后，话剧女演员与歌舞剧女演员频繁介入电影，成为电影女演员的来源之一。

---

① 秋尘：《看罢了"啼笑因缘"》，《北洋画报》，1932 年 6 月 14 日。

第四章

扮作男儿更可人①：女子越剧与社会
文化变迁（1938－1949）

越剧是中国传统地方戏曲的一种，在日本被称为"中国的宝塚"。

众所周知，宝塚在日本娱乐业中是一个非常特别的存在。它的特别之处在于全部角色均由女性来扮演，即女性饰演男角。因此，曾与宝塚具有同样特征的越剧，被日本学者称为"中国的宝塚"，而且这个认识逐渐趋向于固定化。近年来日本学术界开始关注越剧，特别是文学、戏剧学、性别学的学者们，无一不将焦点聚集在女性饰演男性这一特征上，将宝塚和越剧置于同一平台进行讨论②。然而，这种观点真的没有问题吗？

毫无疑问，越剧和宝塚是目前中日两国女扮男装表演的代表性舞台

---

① 出自佚名《续刊上海竹枝词·女伶》，全文是：海国风光本绝伦，相逢况是故乡春。生成一种温存态，扮作男儿更可人。

② 例如，2003 年 11 月 26 日和光大学"越劇研究と宝塚"，2004 年 3 月 7 日神户学院大学"中国演劇におけるジェンダーの表象"，2005 年 6 月 25 日神户学院大学"宝塚と越劇——男らしさ・女らしさの作り方——"等国际研讨会。另有中山文：《袁雪芬と上海の越劇：家と女をめぐって》（关西女性史研究会编：《ジェンダーからみた中国の家と女》，日本东京：东方书店，2004 年），细井尚子：《越劇と宝塚歌劇》（爱知大学现代中国学会编：《中国 21》，日本东京：东方书店，2004 年 8 月，第 20 号）等论文。

剧，这是二者之间最大的共通点。另外，它们还分别诞生并成长于 20 世纪初亚洲的国际性大都市——上海和大阪。但是，除却这些表演形式或发展历史方面的共通之处，从历史的角度、特别是从社会文化史角度来看，二者其实是完全不同的两种艺术形式，从最初的起源开始即具有不同的性质。

宝塚创始人小林一三

资料来源：《次にくるもの》，1936 年

宝塚少女歌剧团成立初期，其宗旨是剔除以歌舞伎为代表的日本传统戏剧界中的性交易元素，而代之以近代学校教育中所普及的西洋乐器和歌唱方式，旨在创立一种新式戏剧。宝塚歌剧团是阪急电铁株式会社的直辖下属部门，是完全西式的音乐教学结构，团员称"学生"而非"女优"。而越剧，则是从民间艺人小调发展起来的艺术，是一种完全中国乡土式的传统戏剧。越剧与京剧一样，分"花旦""小生"等行当，服装、化妆、舞台背景等均为旧传统模式，1940 年以前几乎没有引进任何近代元素。它

的组织形式也是传统戏班，其中民间艺人自发组织的戏班很多，进入上海之前多在绍兴、嘉兴、宁波等浙江省各农村地区巡回演出。无论是初期的男伶还是后来崛起的女伶，基本与其他各传统剧种的优伶一样无太大区别。

当然随着时代发展，宝塚与越剧都尝试在各方面进行了改革，戏剧本身均有诸多变化。但是，二者在"舶来"与"传统"这一本质上的区别却是无法改变的。因此，若用社会史的观点来观察二者的诞生背景和发展过程，我们会发现宝塚和越剧其实是两种性质截然不同的艺术。若要为宝塚挑选比较对象的话，20 世纪 30 年代、40 年代活跃于北京、上海等大都市，表演西洋歌舞的少女歌舞剧团似乎更加合适。

目前专注研究近代上海越剧发展的代表性学者有姜进。她在细致的史料梳理的基础上，将女子越剧的勃兴放在上海社会史、文化史中进行考察，分析阐述了其兴盛的原因和社会背景[①]。她对女子越剧兴盛的原因分析总结如下。

①近代上海滩言情文化的流行。民国上海存在着一个由表现言情文化的传奇来构成的大众文化圈。属于传奇剧种的越剧，主流剧目为古代言情剧，特别是"私定终身后花园，落难公子中状元"一类的才子佳人式故事容易被大多数人所接受。

②女性消费市场的形成，以及过房娘和女性作家的出现。女子越剧的主要观众是中产阶级的女性，其代表是过房娘。过房娘是越剧界特有的现

---

　　① 姜进：《诗与政治》，社会科学文献出版社，2015 年。另有《追寻现代性：民国上海言情文化的历史解读》（《史林》，2006 年第 4 期），《传奇的世界——女子越剧与上海文化绪论》（李长莉、左玉河主编：《近代中国社会与民间文化》，社会科学文献出版社，2007 年版），《可疑的繁盛——日军阴影下的都市女性文化探析》（《华东师范大学学报》，2008 年第 2 期），《女性，地域性，现代性——越剧的上海传奇》（《史林》，2009 年第 5 期）等中文论文。

象，指将喜爱的越剧女伶收为干女儿的女性。另外，仅由女性越剧迷构成的票房表现活跃，女性观众和越剧女伶共享的女性空间形成。女性作家群体的华丽登场，则建立起都市内部的女性话语空间。

③宁绍帮势力对越剧的支持。近代上海社会，各移民集团共存，其中宁绍帮势力财力雄厚，给予越剧极大支持。后来随着越剧的发展和进步，观众层次突破宁绍帮，越剧得到各地区、各阶层人们的喜爱。

④越剧剧本与表演体制的改革。1938 年至 1949 年间，女子越剧出现过两次改革，分别是 1938 年姚水娟的越剧改良，以及 1942 年开始的袁雪芬的越剧改革。其中袁雪芬向古典昆曲学习身段，向话剧学习写实，不断提高女子越剧的艺术水平。她还参考电影艺术建立导演制，并制定了新的演出制度。越剧改革将女子越剧提升到了新的艺术高度。

以上是姜进对当时的史料进行梳理分析，加之对如今健在的越剧演员的口述采访最终得出的结论。她试图通过对女子越剧流行的理由及其社会背景的说明，来阐述近代上海社会文化的变迁及其特点。

姜进的研究似乎已经诉尽了近代上海女子越剧的兴衰始末，然细看起来实则还留有进一步探讨的余地，比如上海娱乐界的时代连续性和整体变迁过程，以及各个娱乐领域的关联性方面，尚有可挖掘之处。因此本章针对这些问题，在姜进研究的基础上将孤岛期之前的上海社会和娱乐产业的情况括入视野，尝试把女子越剧流行的社会背景放在时代变化中加以讨论。

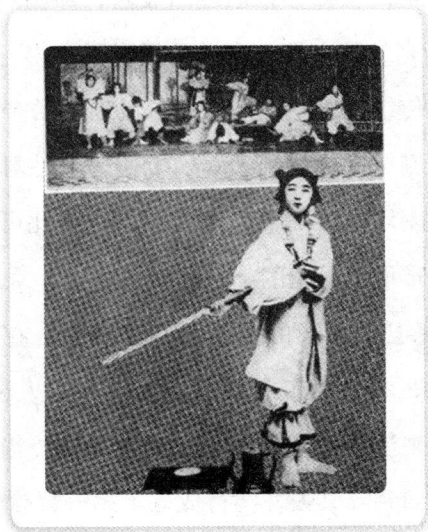

早期宝塚歌舞剧剧照

资料来源：《歌劇十曲》，1923 年

一　越剧与"女子越剧"

1. 越剧的起源与发展

越剧，一种诞生于浙江省嵊县的地方戏。1906 年，曾作为农民娱乐的"落地唱书"开始舞台化，取名小歌班。翌年，嵊县周边地区就出现了很多小歌班，在农村乡里流动演出。1917 年 5 月，清一色男伶的小歌班初次去上海演出，但成绩不佳以失败告终。后来经过多次尝试，终于在 1922 年小歌班进入上海"大世界"游乐场，并陆续有了"绍兴文戏""的笃戏"等新称呼。至此为止，越剧的历史还完全是由男伶创造的。第一个由女伶演出的越剧科班诞生于 1923 年，是嵊县施家岙女子科班，即后来风靡一时的女子越剧之肇始。

女子越剧的诞生，其实与几十年前流行一时的坤剧颇有渊源。曾繁荣于清末民初上海的坤剧，1910 年以后逐渐衰落，坤剧戏园陆续关闭后，重拾"髦儿戏"这一俗名转战上海各大游乐场，以求得一席之地。也许是受到坤剧影响，其他各传统戏剧中女伶的身影也逐渐增多。20 世纪 20 年代，除坤剧之外，女子粤剧、女子新剧、女子申曲等女性舞台剧也同时在游乐场中上演。这些舞台剧均是以女子表演为卖点，因此可以说，第一个越剧女班是在这样一种大环境下诞生的。

"在十余年前，嵊县的男子的笃班和绍兴大班，在上海非常发达，闸北越舞台老班王金水，有一天正在后台闲谈时，有人说：假如有人发起，能召集许多小姑娘们来演唱的笃戏，一定可以发达，当时一句空话，王老班听在肚里，后来竟回到嵊县去，实行成立了第一舞台"①，第一舞台即施家岙女子科班。1924 年她们使用"髦儿小歌班"之名首次在上海演出。从这个名字中可以看出，对于上海的观众来说，早期的女子越剧仅仅是与"髦儿戏"类似、众多女子舞台剧中的一种罢了。

与男子小歌班一样，女子越剧在上海的首次公演没有成功。1925 年，施家班在杭州与男班合作，实现了越剧的男女合演。随后，新新凤舞台、群英舞台等女班陆续成立，均在以嵊县为中心的浙江省内活动。王杏花、徐玉兰等个别女演员虽然曾到上海演出，但多是无定期的搭班形式，还处于非常不稳定的状态。可以说在这十余年间，女子越剧尚未能在上海真正立足。

直到抗日战争爆发后的 1938 年 1 月，越升舞台由后来的"越剧皇后"姚水娟挑大梁在租界公演，获得巨大成功，这是女子越剧在上海流行的开始。此后众多越剧女班蜂拥进入上海，越剧的盛行一发不可收拾。当年，租界里的越剧剧场已经达到 12 所，与国剧京剧持平。女子越剧开始流行的

---

① 樊篱：《女子越剧的今昔谭》，《半月戏剧》，1940 年 12 月 5 日。

一段时间里，上海同时还活跃着七、八个越剧男班，但是因为人气不振或后继无人等原因很快衰退，男伶们大多去女班做师傅培养女伶。1940 年以后，女子越剧剧场达到 30 余所，其人气压倒了京剧和其他地方戏，此盛况基本维持到了 1949 年。新中国成立后，政府主持恢复越剧的男女合演，然而直至今日，女子越剧仍然备受欢迎。

如上所述，最初只是一种普通地方戏的越剧，为何能在短时期内得到如此快速、大幅的发展呢？其实时人已经注意到这个问题。如越剧编剧樊迪民（笔名樊篱）曾经将越剧成功的原因归结为以下四点：一是调门简单；二是它的剧本都是男女情爱之事，有始有终，原原本本演出，而且结果是善有善报，恶有恶报，这种因果律的剧本，像这样封建势力未脱离的社会中，一般观众对之，最为欢迎；三是演员都是十七八岁的小姑娘，以小姑娘扮演青年男女间的爱情之事，这是的确容易使人得到好感；四是女子越剧的服装富丽堂皇，为任何戏剧所不及①。

另外，《绍兴戏报》的《女子越剧红的理由》一文中，也举出了三个理由：一是肯下本钱办布景；二是也会大翻新行头；三是争排新戏比苗头②。

以上这些因素，固然都是女子越剧得以流行的重要因素，但比起剧本和表演方式本身的魅力，当时社会环境的外部作用似乎同样重要。下文笔者将通过整理 1938 年以后上海娱乐界的状况，来阐明女子越剧流行期的社会背景。

2. 地方戏剧的繁荣

上海开埠之后逐渐成长为近代亚洲屈指可数的大都市，同时也成为中

---

① 樊篱：《女子越剧的今昔谭》，《半月戏剧》，1940 年 12 月 5 日。
② 煌莺：《女子越剧红的理由》，《绍兴戏报》，1941 年 1 月 13 日。

国南方的文化艺术中心。特别是租界这个特殊空间，对各种艺术的发展和影响极大。和平时期，租界宽松的政治环境适合各种娱乐方式自由发展；而政局不稳的时期，租界又会成为避风港，成为庇护各种文化、娱乐的乐园。

1937 年 11 月，日军入侵上海，租界成为孤岛，上海周边的人力和财富，以及各种艺术、娱乐都汇聚于此，历史学者将这种现象称之为"畸形的繁荣"，那娱乐圈的繁荣又是怎样一种情形呢？

如前所述，1938 年以前，曾分别占据上海娱乐界首位的艺术形式是京剧和电影。京剧自同治年间进入上海之后，一直是人气最高、受众面最广的大众娱乐方式，20 世纪 20 年代后国产电影崛起，人气程度超过了京剧。然而，战争改变了娱乐业的格局，最深受打击的当属国产电影事业，"战事影响电影事业，各厂营业一落千丈"①。上海三大电影公司或停业或迁往他地，国产电影制作中心逐渐转移至香港、重庆。虽然后来的租界电影也曾繁荣一时，但毕竟受到诸多限制，无法与战前黄金时代相比。太平洋战争爆发后，日本人川喜多长政奉命全面接管上海电影界，在这样国产电影受限的情况下，娱乐业的中心再次转移至舞台。

早在 1938 年，孤岛各舞台就已经热闹非凡。"笙弦鼓管，依旧如昔，歌舞升平，胜过当年"，究其原因在于时局的变化。

　　自上海我军撤退后，长江及钱塘间一片沃壤之土，几尽为人有，处其地之人民，无论城市或村镇，时有盗匪之光顾，稍有资产者绝不能安居是地矣，于是相率来沪，视上海为安乐窝，故最近上海人口增

---

① 《战事影响电影事业，各厂营业一落千丈，新华公司硕果仅存》，《文汇报》，1938 年 4 月 27 日。

加甚速，其密度已开沪上未有之新纪录。此辈避难来沪之人民，处沪稍久，习欲增长，益以生活不安，出路烦恼，或受到其他刺激，进入反常态度，暂图眼前快乐，以是舞榭歌台之间，时有若辈之足迹焉。目今上海处于特殊环境之下，惟有不问世事，侧身于舞台之间，故为逍遥颓唐之态。沪变发生后，南市闸北之学校大多迁入租界。降至今日，外埠之学校亦都来沪开办，无形之中青年学生大为增加，若辈学生年轻好动，本则游山玩水，春郊嬉游。为今时候，被困于弹丸之地，无地可游，于课后假期，只可听剧看戏以资消遣。[①]

当时的舞台剧，主要可分为近代剧与传统戏剧两大类。近代剧包括话剧和新剧、文明戏，传统戏剧则包括京剧及各种地方戏。

首先看近代剧的情况。新剧和文明戏一直是二流舞台剧的地位，主流的话剧则是精英文化的代表，其表演者和观众都具有一定的文化教养。然而比起娱乐观众，更注重教育文化使命的近代话剧，虽然拥有着似乎超然的地位，但毕竟观众层有限，票房始终无法大盛。比如卡尔登大戏院老板曾说过："宁可演亏本的话剧，不演赚钱的越剧"[②]，可见话剧和地方戏之间，存在着文化地位与商业效果的巨大反差。而且因其政治或教育元素，无论是孤岛期还是沦陷期，相较其他戏剧，话剧受到了更为严格的审查和限制。所以说，诞生于近代上海且逐渐成长为中国重要的艺术文化形式之一的话剧，在大众流行方面始终没能攀上娱乐业的顶峰。

再来看传统戏剧。经过多年的发展积淀，京剧已然成为国剧，拥有崇高的地位。自 1927 年"四大名旦"诞生，可以说这四人代表了京剧的最

---

① 镜溥：《最近沪上梨游艺业兴盛之原因》，《十日戏剧》，1938 年 3 月 31 日。

② 徐玉兰：《舞台生活往事录》，《越剧艺术家回忆录》，浙江人民出版社，1982 年版，53 页。

高水平和人气走向。但抗日战争爆发后，梅兰芳、余书岩、杨小楼等名伶相继停止登台，这对于京剧基础相对薄弱、依靠招揽北方名伶的上海京剧产业无疑是沉重的打击。

与话剧、京剧不同的是，在复杂的国情政局变化之下，各种地方戏、特别是江南的地方戏却几乎没有受到严重的外部阻碍，越剧、淮剧、沪剧、甬剧、苏剧等，数十种地方戏在上海得到了相对自由且充分的发展。对此姜进的解释是，财富随着众多富豪乡绅流入上海，很多戏班和艺人为逃难进入上海，她们为了生活积极表演，最重要的是日军对毫无政治性的地方戏采取了放任自流的态度。所以即使是日军攻陷孤岛的时刻，越剧也没有停止演出。翻开当时演艺方面的报纸，可以感受到战争局势并没有对地方戏的经营有太大影响，"各越剧院自此番局势转变以来，营业均见略逊"①，仅略微逊色而已。

多种地方戏共存同生，则流行程度必有高下之分。1947 年《申报》曾有《漫谈地方剧》的一个专稿，概括了上海地方戏多年的发展历程。

> 上海自开埠后，成为五方杂处的大都市，各地的人，都来观光，因此供各地人消闲的地方剧，也在上海普遍的流行着（早年的昆曲，晚近的皮黄，早已失去了地方剧的性质，姑且不论，至于纯粹的地方剧，过去都集中在游戏场里，间或在茶楼上演出，说不到有什么地位，观众主体为小市民，即使偶有堂会，也不会多的）。经过八年抗战，娱乐界也改观了，号称负有文化使命的话剧，总是不叫座，百年来兴旺的平剧，也趋于没落。而地方戏却很幸运的发展起来（最初是申曲夺取了苏滩的地位，越剧也不甘示弱，窜了起来，北方的蹦蹦

---

① 《各越剧院谋补救办法》，《上海越剧报》，1941 年 12 月 26 日。

戏，不知风靡了多少人。到现在，蹦蹦戏已偃旗息鼓了）。申曲和越剧，却从茶楼走进了戏院，四五年来，使无数太太奶奶们都着了迷，迄今算是地方剧中的两大劲旅。[①]

由此可见，地方戏的繁荣是有前提条件的，那就是娱乐业重镇——京剧和电影的衰弱，以及话剧的低迷。换句话说，战争改变了中国南方的戏剧发展史。

上稿选取了当时上海最具代表性的五种地方戏——沪剧、越剧、苏滩、扬州戏、蹦蹦戏，分别叙述了它们各自的发展简史和盛衰。虽然它将沪剧和越剧共称为地方戏之首，但实际上越剧的风靡程度要高于沪剧，这在当时各种史料中有迹可循，且当代研究也普遍承认这一点。那么，自嵊县而来的越剧如何能胜过上海土生土长的沪剧呢？姜进提出宁绍集团的强力支持是一个重要原因，另外的原因之一，也许还在于它们各自的表演内容。沪剧是身着西式服装的时装剧，使用上海方言。与此相对，传统才子佳人式的越剧被时人批判为"其成分，是传统的，封建的，迷信的，多妻的，不要说不合现代潮流，简直有的还不近人情，归根结底的说一句，这类戏剧，完全是因果律的"[②]。

十几年前，上海国产电影蓬勃发展之际，评论家们时常将其与京剧相比较，认为电影之所以能够胜过京剧，关键在于它所具有的近代性，即能够表现当代民众的感情[③]。以此类推，即越具有近代性的娱乐，应该越受到民众欢迎才对。但看女子越剧的流行，这个理由似乎是行不通了，其原因也许在于当时特殊的时代背景。

---

① 《漫谈地方剧》，《申报》，1947 年 1 月 6 日。
② 樊篱：《无谓的责难》，《上海越剧报》，1941 年 10 月 27 日。
③ 见第三章论述。

随着战争局势的推进，人们的恐战心理愈加明显，导致整个上海社会的氛围也发生了变化。"上海成为孤岛了，因此上海的四周围绕着一种所谓的孤岛的氛围气，而这氛围气正如黄梅雨一样，使人呻吟着，叹息着，有时甚至哭泣着"①。

如此社会心理状态的变化，对娱乐业的走向肯定产生了一定影响。下面这段史料，说明了上海不同时期流行的戏剧与社会特征的因果关系。

　　大凡一种艺术的水准，除了你"真真的为艺术而艺术"之外，却为由社会的大量需要而造成，在民国十年间，现在回忆，好像还是唐虞之世，大家心理欢畅所以梅兰芳排的戏却是欢舞升平，系《天女散花》《上元夫人》一类，却是和平之音。民国二十年已是屡经兵燹，苛税重稠，所以程砚秋起而代之，就是一种凄怨秋声，排就戏就是《青霜剑》《荒山泪》一类，二十四五年间社会淫乱，盗匪起炽，上海盛世将衰，就有白玉霜的蹦蹦戏风行一时，申曲更占了重要地位，沦陷以后，直到现在，上海人沉浸在地狱里、臭坑里……含着一肚的泪水没处去伸说，忽然听见这惨厉的哭声，反觉自己舒了一口气，于是便喜欢听这哭声，她哭得愈惨，我愈觉得痛快，这就造成了现在越剧盛极一时的原故。一种民间艺术，大该都由小市群民众的需要而造成，不是没有环境而自己立得起来了……从无线电听到的节目，梅兰芳——和平，程砚秋——凄怨，白玉霜——淫乱，袁雪芬——惨厉，的确如我所云。②

----

① 周戈：《上海的氛围气》，《文汇报》，1938 年 4 月 29 日。
② 陈小蝶：《无线电》，《半月戏剧》，1947 年 3 月 15 日。

　　这段文章里，同样描述了上海进入孤岛期之后社会气氛的沉重，以及一般市民压抑的精神状态。该文作者认为，在孤岛封闭、恐战的环境中，听越剧的哭戏成了人们发散抑郁的渠道，越剧顺应了人们的心理状态，因为被社会、市民所需要，所以大为流行。

　　要理解这种想法，还必须要明确一下越剧的表演特点。如前所述，越剧属于传奇剧种，表演内容主要是古代言情故事。其情节虽说不上悲惨，但故事情节大体遵循"合—离—合"的套路，即最后必定迎来圆满大结局，但中间也必定有哭哭啼啼、悲惨曲折的生死离别，而这些生死离别恰恰正是越剧的看点所在，所以表面上看来似乎很悲惨的越剧会被人们所喜爱。这里提及的袁雪芬是当时的越剧明星之一，她最擅长的正是哭戏。

　　这种将人们精神状态的改变而带来社会氛围的变化，与流行戏剧的变迁相结合的观点，非常新颖。当然，人们的精神状态和社会氛围，都是主观且抽象的，任何人都无法肯定地说当时的上海究竟处于怎样一种微妙的精神状态。但这种观点的存在，至少可以说明越剧的流行与社会风气、市民精神状态的变化是不无关系的。

　　以上按照时间顺序，简单梳理了上海娱乐业的主角京剧、电影和越剧各自的发展状况，以及三者之间的消长关系。总而言之，如果没有1938年以后上海京剧与电影的衰退，越剧等地方戏也不可能有自由发展甚至大为流行的机会；如果没有战争带来的社会风气与氛围的变化，越剧恐怕也无法从众多地方戏中脱颖而出，即战争环境下的时势与环境的变化，是越剧大流行的重要外部条件。

　　当然除了外部条件，内部因素也不可小觑，下文笔者将从观众的角度来分析越剧流行的原因。

二　女子越剧的观众

1. 女性越迷的支持

越剧观众有男有女，多数"越迷"是女性，但不泛指所有阶层的女性，用当时的话来说，多是"太太小姐"们，即非社会底层，而是至少中等阶层以上的女性，她们是上海娱乐业的重要消费者。

女性观众的拥趸，其实并非女子越剧才有的特色。在上海，女性赴剧场看戏，早在同治年间就开始出现了，"近日上海各戏园中专演淫戏，不问男女之杂坐"① "老少纷来，男女杂坐，恬不知怪"②。虽然屡遭批判，甚至曾被舆论提升为社会问题，但女性在公共场合看戏的现象却从未消失过，反而不断普遍起来。早期坤剧剧场的观众虽以男性居多，但后来坤班分散进入游乐场或男女合演的戏园之后，女性观众也愈来愈多。20世纪20年代前期，广东地方戏粤剧曾在上海流行过一段时间，在广东来沪的各个戏班中，女班群芳影班和镜花影班最有人气，其支持者几乎皆为女性。"盖坤班颇受妇女之欢迎，故戏院座位，十居八九为妇女所占，此所以粤坤班来沪之盛况，自较男班为优焉"③。此文中还指出，女班表演的粤剧故事情节和台词，均是为迎合女性观众的兴趣而作。

各娱乐业之间存在相互影响的消长关系，如粤剧的流行就因电影的崛起而终结，"单就粤剧而论，它似乎只供姨太太和小姐们开玩意儿吧……

---

① 《劝戒点演淫戏说》，《申报》，1872年5月29日。
② 河东逸史稿：《请禁花鼓戏说》，《申报》，1871年9月14日。
③ 草将：《粤坤班竞争之精神》，《申报》，1925年2月17日。

近年来电影事业如雨后春笋勃然兴盛，粤剧即大受影响，未必两无关系的啊"①。对于电影产业，女性仍然是极其重要的观众。作为明星影片公司创始人之一的张石川，曾就自己的电影制作理念说过下面一段话："不让太太小姐们流点眼泪，她们会不过瘾，说电影没味道，但剧情太惨了，结尾落个生离死别，家破人亡，又叫她们过于伤心，不爱看了，必须做到使他们哭嘛哭得畅快，笑嘛笑得开心，这样，新片子一出，保管她们就要迫不及待地来买票子了"②。由此可知，这些太太小姐们是舞台与银幕共同的观众，也是支撑上海娱乐业的重要力量。

近代上海，随着越来越多的女性走向社会，各种娱乐中女性比例也越来越大，其中女子越剧应该是最能激发出女性观众观剧能量的剧种，对于这种现象，时人有以下说明。

女子越剧自起始到现在，特别是受妇女们的拥护，因为：1. 妇女们看戏的心理，多数爱看情节，而女子越剧的情节缠绵，有始有终，是最适合于她们的脾胃，2. 妇女们看同性的人演戏，易于发生同情心，3. 妇女们多是在家庭中过生活者，对女子越剧富于家庭中悲欢离合的描写，是特别的爱好……我们可以发现那观众里面，多情的太太小姐们，持着手帕拭泪，或扯起衣角拭鼻涕，这种情形，更是说明了女子越剧感应力之强。③

从上述列举的三点原因可以看出，女子越剧的言情剧情，明显比电影

---

① 卢觉非：《摄制有声国片刍议》，《影戏杂志》，1930 年 8 月 31 日。

② 何秀君口述、肖凤记：《张石川和明星电影公司》，文史资料研究委员会编：《文史资料选辑》，中国文史出版社，1980 年版，第 69 辑，189 页。

③ 小四：《妇女运动的利》，《上海越剧报》，1941 年 11 月 10 日。

或其他剧种更加符合女性的喜好。

然而，女性观看同性演员表演时产生的情绪，并非只是共鸣这么简单。其实，纯女性的表演形态，才是越剧区别于其他戏剧和电影的最大特点，也是最吸引女观众的魅力所在。首先完全女性表演的形式，对女子越剧的流行是一个有利条件，因为"在一般家庭娱乐之中，女太太们看看戏，看看报，或看看越伶照片，我想尚不失为高尚娱乐，何况越剧演员全部女子演唱，而爱好越剧的人，又以女子为多，所以一般家长对于妻女爱好越剧，或者成为标准的越迷，都不加以禁止，越剧之风行一时，这是一个很大的原因"①。

演员与观众，台上台下均是女性，这让男性家长较为放心。也就是说，与其他剧种比起来，女子越剧具有更利于女性观众的社会、家庭环境。

那么，使太太小姐们趋之若狂的越剧魅力究竟在哪里？首先以女性观众看戏时的反应及其对越剧女伶的感情为中心来进行分析。下段是对饰演男角的越剧女伶李艳芳的描写。

> 忽然台下起了一阵哄声，我便详细的一看，原来是饰高少爷的李艳芳出台了，她穿了一套条子西装，外面罩上一件大衣，白白的围巾，显得那样的洁净，手上带着一幅皮手套，脚上端着一双黑皮鞋，走起路来，真像一个学生。多么的潇洒、大方，再看她的面部，白白的脸，加上一些淡淡的胭脂，眉毛浓浓的，嘴红红的，眼睛亮亮的，那一副扮相真称得上漂亮两个字。然后我再回过头去看，呵，不得了，原来每个人的嘴都张开着，用心的打量着这个高大的少爷呢，尤

---

① 《越迷三部曲——看戏看报看照片》，《越剧报》，1947 年 11 月 2 日。

　　其是一般女太太，女小姐们，她们的眼光都送出羡慕之色，她们羡慕
　　的是那位姚水娟扮的玉贞姑娘，她有那样漂亮英俊的少爷追求……凡
　　是一待高少爷出台，台下就有笑声，并夹着说话声，什么李艳芳真漂
　　亮，李艳芳的表情真好极了，那能会介像个男人家哪，呵，李妹已经
　　成为越迷的情人了。①

　　从字里行间我们可以体会到，女观众是以看待男性的心态来欣赏李艳
芳的。值得注意的是，与李艳芳演对手戏的正是当时有"越剧皇后"之称
的姚水娟。但在这篇文章里，李艳芳是绝对主角，对姚水娟的提及不过是
对她能够饰演李艳芳爱人的艳羡。单从观众散发的爱慕之情来说，李艳芳
的人气绝对强势，对她的外貌描写，也无处不在强调其性魅力。可以说俘
虏女观众感情的，是女伶酿造出的男性魅力。

　　像这样，女观众赤裸裸地表达对饰演男角的女伶爱慕之意的文章不在
少数。自称"爱情专一者"的人将芳华剧团头牌小生尹桂芳称为"我的情
人"，说"心中只有她，如此下去，一定会成为一个疯子的"②。还有叫戴
霞华的人，是女伶陈少鹏的粉丝，"她像世上最美丽的一朵花，更是越剧
中最美丽的一位，她那双亮晶晶的逗人秋波，是多么使人神魂颠倒，她的
一笑，是多么的可爱，总之，她一切的一切，是不能用一支秃笔所能形
容……她的一切，太使人迷恋了，我忘不了她，永远的忘不了她"③。女伶
徐玉兰也有疯狂的爱慕者，俞惠君对她饰演的林冲和贾宝玉这两个截然不
同的角色赞不绝口，说徐饰演的林冲威武英俊，充满英雄气概，而公子贾
宝玉的形象则风流倜傥，好一个多情公子，最后说道："她是一位天才艺

---

　　①　启明：《越迷们的情人》，《上海越剧报》，1942 年 1 月 9 日。
　　②　爱情专一者：《我的情人》，《越剧报》，1947 年 11 月 2 日。
　　③　戴霞华：《我忘不了她——陈少鹏》，《越剧报》，1949 年 7 月 10 日。

人，使人惊叹，她在台上是美小生，台下是美小姐……不知沉迷了多少年迈的太太，更不知倾倒了多少学府女弟子……我永远忘不了她"①。女伶通过饰演男角散发出各种类型的性魅力，使女观众每每热情高涨。

当时的各种越剧报纸和杂志上，几乎每天都会刊登评论越剧女伶的文章，对于饰演女角的女伶，多数是针对其容貌、嗓音和身段，而对饰演男角的女伶，则是女观众写的类似情书的文章较多，字里行间无不透露出对女伶身上男性魅力的爱慕和渴望。

无论哪个国家、哪个时代，只要是同性之间的演剧，必然无法回避同性恋这一问题，越剧也不例外。而且不仅仅是女伶之间，女观众和女伶同性相恋的话题也一直存在。"捧角嫁（女捧客），也有她们的目的，有的想做长一辈的过房娘，有的想替丈夫拉皮条，有的想和越伶结同性之爱，而越剧界的同性恋爱之说，虽查无实据，却事出有因，她们费尽心机捧戏子为的是什么，当然不言可知"②。

京剧界一般是男观众去追求女伶的美色，而女观众却比较难以把对男伶性魅力的渴望表现出来，所以早期的坤剧对女观众是没有太大吸引力的。与京剧相反，越剧界女观众可以光明正大地追求另一种意义上的男性魅力。无论同性恋的事实是否存在，把对故事中的男性魅力的爱情，寄托在实际表演的女伶身上，无疑是女子越剧吸引女观众的重要原因之一。

从上述史料可以看出，女子越剧大流行的背后，以太太小姐们为首的女观众发挥了重要作用。而且相比越剧本身的艺术魅力，女性反串表演之性魅力似乎更加诱人。

2. "过房爷"

为了接近女伶，女观众会使用多种方法手段，过房娘是其中最主要的

① 俞惠君：《我永远忘不了她》，《越剧报》，1949 年 7 月 10 日。
② 春水：《捧角家和捧角嫁》，《越剧报》，1946 年 8 月 4 日。

方式之一，并逐渐发展为女子越剧特有的现象。依影在《过房娘》一文中指出了越剧与京剧的不同："越剧的女角儿，大一半是靠过房娘的，吃饭小菜，都是过房娘所供给的，所以越剧班里的过房娘，比了股票还要来得吃香"①。当时，过房娘是一种普遍的社会现象。

女子越剧的人气依靠众多观众以及过房娘的支持，另外过房爷的存在也不应被忽视。顾名思义，过房爷是指认越剧女伶为干女儿的男性，当时上海最有名的是姚水娟和她的过房爷魏晋三的关系。魏晋三的人脉和财力使姚水娟成为"越剧皇后"的事情，在那个时代似乎并不是秘密。

> 过房爷在越剧圈里也是一件流行的盛事，虽然艺术并不高明，可是有了过房爷的靠山，也就能平地一声雷红起来，所以姚水娟的成名，一半是靠她自己的本领，但还有一半却要归功于过房爷了。姚水娟在上海过房爷是银行界很有地位的中汇银行宁波路分行的经理魏晋三，魏先生公暇之余，偶然也会垂青越剧女伶，而收姚水娟为过房媛，真是女子越剧无上的光荣，并且魏先生有的是法币，当然为了过房媛破钞一点也不在乎，于是创行头，办私彩，大挖腰包将过房媛捧成第一流红角的确不很容易。②

魏晋三可以说是过房爷的典型，有很多报道都隐约透露着他和姚水娟的暧昧关系。其实不仅是姚水娟，越剧女伶和过房爷的关系通常外界被认为是暧昧的男女关系而遭到批判。比如剑花曾做过以下描述："至于拜过房娘，倒还情有可原，拜这过房爷，实在是匪夷所思了。不是说一句罪过

---

① 依影：《越剧与京剧》，《戏世界》，1945 年 7 月 28 日。
② 《姚水娟爱人的谜》，《越剧世界》，1941 年 8 月 23 日。

话，其中更有许多过房囡，为了投桃报李的关系，把肉身奉献给这批杀人不见血的魔鬼——心怀不良的过房爷，这实在是越伶的奇耻大辱"①。

社会上如此看待越剧女伶和过房爷的关系并非完全没有根据。女伶王素琴曾经毫不掩饰地说："但是我以为这种所谓'过房爷'，也是非是吃吃豆腐而已。我年纪虽小，可是在上海住了几年，大约也知道上海人的心理，不论有钱无钱，老的小的，哪一个不想在女人身上揩一点油"②。

从以上叙述可以看出，女伶与男观众的关系似乎仍未走出男女关系的旧有范畴，当然，也不能否定过房爷与过房娘在客观上都对当时女子越剧的发展起到了推动作用。

姚水娟

资料来源：《越剧世界》，1941 年第 1 卷第 2 期

---

① 剑花：《丑戏锣鼓多·过房爷》，《上海越剧报》，1942 年 9 月 13 日。
② 《女人身上揩点油——小尼姑口中的过房爷》，《越剧世界》，1941 年 9 月 13 日。

三 越剧改革与袁雪芬

1942 年开始，袁雪芬在"大来剧场"进行越剧改革。改革具体内容包括自费成立以编剧、导演、舞台美术为中心的剧务部，戏班有决定上演剧目的权力，无关者不得进入演出者房间等。就此，越剧领先其他传统戏剧摆脱了长期以来的班主制，像话剧和电影一样建立了近代演出制度。袁雪芬还进一步改良了剧目、唱腔、化妆等，改革后的女子越剧称"新越剧"。

越剧改革最高潮，即"新越剧"的代表作，是 1946 年上演的《祥林嫂》。众所周知，祥林嫂是鲁迅小说《祝福》的主人公，代表了当时广大农村妇女的形象。越剧导演南薇将该剧本介绍给袁雪芬，她取得许广平同意后决定马上排演。该剧于 5 月 6 日在上海明星大戏院首次公演，大获成功。各媒体盛赞《祥林嫂》，剧场持续爆满，票房纪录非常好。1948 年，启明公司将越剧《祥林嫂》搬上电影银幕。

仅看《祥林嫂》的演出盛况，确实如当代越剧史所说，袁雪芬主导的"新越剧"取得了成功。然而在该作品之外，时人对袁雪芬和越剧改革的评价似乎褒贬不一。

当时，人们多称"新越剧"为"改良越剧"，名票龚邦夫称袁雪芬为"的笃班的破坏者"，理由是"时至今日，所谓号称改良越剧之演出，毕竟是文明戏型之作风，勿京勿嵊之念白，仅须小生头上扎个髻，花旦身上着得新，旧瓶装新酒"①。竺云长说："所谓改良越剧者，不过是将旧式的笃班的精华抽去，而配以话剧中提出来的渣滓而已，观众为好奇心所动，不由趋之若鹜。然近来西洋镜已经拆穿，君不见秋凉后专演改良戏剧的明星，其亏本已较九星、国泰、天宫等有过之而无不及"②。剧评自有个人喜

---

① 龚邦夫：《袁雪芬——的笃班的破坏者》，《越剧报》，1946 年 9 月 22 日。
② 竺云长：《谈改良越剧》，《越剧报》，1946 年 9 月 22 日。

好在内，但从上述文章中可以看出"新越剧"的票房经营似乎不善。

20世纪20年代成立的话剧，一般被认为是高尚艺术，其剧本和台词反映社会问题，追求教化目的。袁雪芬最初是以话剧为榜样进行改革的，所以"新越剧"里加入了很多话剧表演因素，即欲通过对话剧的模仿，摆脱一直以来对越剧低俗的社会评价。袁雪芬曾说："一般人对越剧常有一种歧视的态度，其实话剧观众，需要的文化水准高，留下来的一大部分，我们不是也应当让他们有娱乐的机会吗？自然因为一般绍兴戏的内容都是公子落难和儿女私情，所以人们把它看成没有价值。但是，我们是可以把内容改变而让它有社会意义的"①。话剧界知识分子对越剧的提携、《祥林嫂》的成功、更多的文化人关注越剧改革，这些都大大支持了袁雪芬。然而这种改革必然出现反面效果，即丧失了曾是越剧人气主要原因的"通俗性"和"易懂性"。如某个越剧迷曾这样表达对"新越剧"的不满。"袁雪芬的艺术，的确很好。对于剧本方面，处处革新、改良，可是在意义上，改良得太深，使我们一批智识较浅的越迷，不能彻底了解，如《洛神》《乐园思凡》等剧，看看是很好看，可是意思勿懂，我们希望袁伶在改良越剧之中，把意义做得明显和浅近一点，那才能吸引越迷"②。

经过改革，越剧的内容变得高尚，也相应变得高深难懂，这对原本倾心于越剧通俗易懂的观众无疑不是好事情。因此某种程度上，改革提高了越剧的知名度，为越剧注入了新鲜元素，但作为女子越剧大流行的主要原因是否妥当，似乎还值得商榷。

当代中国越剧史中，袁雪芬是毋庸置疑的第一人。她的崇高地位自新中国成立之初已开始，1949年袁雪芬作为文艺界四位特别代表之一，参加了第一届中国人民政治协商会议，其他三人分别是梅兰芳、周信芳、程砚

---

① 梅朵：《后台的祥林嫂——访袁雪芬》，《文汇报》，1946年5月9日。
② 陈文澄：《改良越剧之我见》，《越剧报》，1946年9月29日。

秋，均是京剧界久享盛名的大人物。1965 年，谢晋导演以袁雪芬为原型拍摄的电影《舞台姐妹》，也是新中国经典影片之一。新中国成立后袁雪芬的崇高地位，可以说来自她发起的越剧改革。现在的一般理解是，1946 年周恩来在上海观看了袁雪芬主演的新越剧后，指示上海地下党对其进行支持援助，这是事关越剧存亡的大事件，一直以来受到高度评价，所以越剧改革被定义为在共产党指导下的进步文化运动。因此即便当时袁雪芬本人并没有意识到共产党的参与，但她的名字与越剧改革早已受到肯定①。

　　然而翻开 1949 年以前的报纸、杂志，可知在众多越剧女伶中袁雪芬并非最有人气的一位。她最早出身于嵊县越剧女班"四季春班"，1938 年来到上海，很快成为当红越剧女伶之一。但当时上海滩流行的从"三花"到"越剧皇后"姚水娟，"三花一娟不如一桂"的筱丹桂、"越剧大王"范瑞娟，数年一变换的顶尖女伶并没有袁雪芬的名字。当然这些人气排行背后有众多因素掺杂，不能用这些表面名誉来决定女伶的历史功绩，但我们至少可以判断新中国成立前后袁雪芬的戏剧地位似乎不太一致。《祥林嫂》上演之前，比起演技和唱腔，似乎她的私生活更受人关注。一提到袁雪芬，人们可能首先想到她吃斋念佛的形象，对此《上海越剧报》等越剧媒体时常有相关报道②。

　　1946 年起，袁雪芬因主演《祥林嫂》的成功而名声大噪，"在三十五年的上海越剧界，唱红了一个袁雪芬，虽然，袁的成名时间很早，但像她今天这样被人重视，这样地被文化界推崇，不能不说是从去年开始"③。反对内战、与中国共产党关系密切的《文汇报》显示出对袁雪芬全面支持的态度，1946～1947 年间《文汇报》刊登了很多赞扬袁雪芬的文章，特别是

---

　　①　《重访舞台姐妹》，《三联生活周刊》，2009 年 7 月 13 日。
　　②　《吃素念佛的一位好姑娘——袁雪芬的前后》，《上海越剧报》，1941 年 12 月 11 日。
　　③　定一：《袁先生雪芬访问记》，《半月戏剧》，1947 年 3 月 15 日。

1946 年 8 月"袁雪芬抛粪事件"后,袁雪芬不仅是"越剧巨匠",还是"不绝与恶势力做斗争"的英雄人物。袁雪芬也以"一个小演员"发表文章《越剧女演员 满纸伤心语》①,倾诉女伶的辛酸与所受压迫。

任何改革都会经历波折、受到批评或反对,但无论是支持还是批判,袁雪芬在近代中国越剧女伶之中无疑是非常特殊的存在。她激进的言行对一般人来说恐怕难以理解,也是越剧的主要观众"太太小姐们"所毫不关心的,然而对于中国共产党和左翼人士来说却是同一阵线的战友,所以即使当时袁雪芬自身完全没有意识,她的改革、言论都会成为新中国成立后政治地位的根源。

袁雪芬

资料来源:《越剧世界》,1941 年第 1 卷第 7 期

---

① 一个小演员(袁雪芬):《越剧女演员 满纸伤心语》,《文汇报》,1947 年 5 月 5 日。

第五章

巾帼须眉两样材①：男女合演与性别反串

2010 年 8 月 27 日至 29 日，中国青年演员李玉刚的全球巡演日本站"镜花水月"在东京艺术剧场举行，为期三天。演出第一天，日本歌舞伎界泰斗级人物、"女形"第一人、第五代坂东玉三郎亲自来到场观看，并为巡演赠送了贺仪、花束。仅有千余人观众的外国人演出，为何会吸引坂东玉三郎这样的歌舞伎界大人物，原因在于李玉刚表演的特殊性。

日本人对李玉刚这个名字不甚了解，但在中国，自学成才并在多项电视选秀节目中脱颖而出的李玉刚，当时作为"草根明星"的代表人气正隆。在其擅长的京剧剧目《贵妃醉酒》中，以古代美人的扮相登场，女声柔媚清亮，比女性更甚的魅力征服了观众。虽然梅葆玖等专业演员曾对对李玉刚的所谓"京剧"提出了严厉批判，但不论他真正的京剧实力如何，凌驾于专业京剧演员之上的人气，其实更多来源于"这么美丽的女性其实是男性"这一反转带来的惊喜和冲击力。

还有专业京剧演员王佩瑜，近年来也频频出现于舞台和银幕，以其雌

---

① 出自叶仲钧《上海鳞爪竹枝词·共舞台之男女合演》，全文是：巾帼须眉两样材，优伶男女本分开。首先出演雌雄挡，法界应推共舞台。

雄莫辨的形象和唱腔博得不少人气，被称为"当代坤生第一人"。新中国成立后，各剧种原则上不再刻意提倡培养男旦坤生，这种情况下李玉刚、王佩瑜的成功可以说从某种程度上展现了反串表演戏剧的魅力。

除近、现代的越剧、黄梅戏这样的特殊剧种外，中国传统京梆中男旦坤生表演艺术的发展，与各个历史时期的戏剧表演状态、即男女是否同台表演有着密切关系。当代中国，各剧种男演男、女演女的男女同台表演已经成为正常态，但反观中国戏剧史我们会发现，古代男女分演、男演员独演等情况长期占据主流，男女同台即男女合演，反而是近代以来才被普及的现象。因此，传统戏剧的男旦坤生，这些如今看来非常特殊的表演方式随着上述状态的变化而盛衰、发展。如第二章所述，清代女伶被禁止登台，男伶独自表演的状态持续了上百年，因此男旦在清代十分盛行。然后近代上海女伶登台，男伶独演的状态开始向男女分演转变，从男女分演至最终实现男女合演又花费了数十年时间。本章的目的即在于阐明近代上海男女合演与男旦坤生等反串表演的关系及影响。

清末民初上海的传统戏剧，男女分演仍为主流，但围绕男女合演的社会论争已然开始。围绕这些争论的考察研究较多，如田村容子讨论了近代上海男女合演的出现以及演员与角色性别一致的价值观的普及过程①，但并没有对反串表演戏剧及男女合演进行明确的概念和相互关系的区分。另外她在探讨男女合演问题时无视了传统戏剧与近代剧的差异，将二者混为一谈。田村得出的结论是，角色与演员性别一致这种现象的逐渐普及，体现出广大观众价值观的变化。但仅凭这一点并不能说明近代上海戏剧的真实状态，因为清末民初及其之后的年代里，上海最为流行的京剧"四大名

---

① 田村容子：《清末民初の上海における坤劇—『申報』劇評に見る変遷》，《中国21》，2004 年 8 月。

旦"、越剧女伶等，均是角色与演员性别不一致现象的代表。

另外陈永祥从近代上海关于男女合演的论争来观察社会观念的变迁，乔丽更近一步从全国范围内讨论了男女合演的实现过程以及禁演情况①。本章在这些前期研究基础上，初步探讨男演女、女演男的特殊表演方式与男女合演的关系。

一般来说，近代以前中国戏剧的主流表演方式是角色与演员性别不一致的，即男性扮演女性角色，"堂会"或家班的女伶登台后也必由女性扮演男性角色。而男女合演是指男性与女性在舞台上合作共同演出，其角色与演员的性别则未必一致，很多时候是男旦和坤生表演对手戏，因此角色的性别反串并不一定指代男女分演，也可能存在于男女合演的状态中。这种表演方式与男女合演的普及其实相互影响，并随着时代发展而逐渐变化。尤其在近代上海的戏剧界，二者均随着社会文化的变迁以及新价值观的出现而完成了蜕变，也因此之间的因果关系与相互作用更加凸显。

其实从本质上说，角色与演员的性别不一致，是戏剧史的问题，它主要受政策导向影响，并依存于观众的趣味及审美观。在近代上海，传统戏剧与近代剧也因为各异的发展情况而呈现出不同的表演样态。另一方面，男女合演则主要是社会史、性别史的问题，是由社会整体的价值观、女性观所决定的。男女合演的实现与普及，其实与戏剧类型没有太大关系，主要是依赖于社会风俗以及价值观的变化。如果限定上海这一地区，男女合演的成立过程可以说是近代化发展程度的体现。

如果从结论来说，男女合演在很大程度上影响了角色与演员一致与否的方向性，那么，这种影响也并不会导致绝对性结果，根据演员、社会环

---

① 陈永祥：《从"男女合演"的论争看清末民初上海社会观念的变迁》，《广东社会科学》，2005 年第 6 期。乔丽：《论晚近男女合演及禁演》，《戏曲艺术》第 87 辑，2013 年 4 月。

境等因素，角色与演员不一致的反串表演，有时也可以韧性存在于各个时期并有流行的可能。

基于对以上问题的关注，本章针对角色与演员性别一致与否，以及男女合演这两个议题，对其各自在上海的发展历史以及近代以来的变化进行简单梳理，阐明二者变化的原因以及相互影响。

一　从男女分演到男女合演

当代中国戏剧界，无论戏剧种类，男女合演这一表演形式已是理所当然的常态。但在到达这个状态之前，男女合演的成立过程是漫长且曲折的。近代以前，中国男伶与女伶究竟以怎样的形式进行戏剧表演，王国维最早对这一问题进行了探讨。

　　歌舞之事，合男女为之，其风甚古。《乐记》云："今夫新乐，进俯退俯，奸声以乱，溺而不止，及犹侏儒，犹杂子女。"《孔疏》："犹杂，谓猕猴也。"言舞戏之时，状若猕猴；间杂男子、妇人。言以猕猴，男女无别也。自汉以后，殊无所闻至。至隋唐之际，歌舞之伎渐变而为戏剧，而《踏谣娘》戏，以男子著妇人服为之（《教坊记》），此男女不合演之证。《旧唐书·高宗纪》："龙朔元年，皇后请禁天下妇人为俳优之戏，诏从之。"盖此时男优、女伎各自为曹，不相杂也。开元以后，声乐益盛"（中略）宋初则教坊小儿舞队与女童舞队各自为曹，亦各有杂剧。（中略）元剧既兴，男优与女伎并行，如《青楼集》所载珠帘秀、工驾头、花旦、软末泥，又如赵偏惜、朱锦绣、燕山秀，皆云旦、末双全。女子既兼旦、末，则亦各自为曹，不相混矣。（中略）盖宋、元以后，男可装旦，女可为末，自不容有合演之事。或据宋六嫂事，谓元剧有男女合演者，殆不然矣。①

　　王国维对中国男女合演历史的考证至元代为止。据他所言，虽然中国自古即有女性表演，但唐代以后，即戏剧的萌芽、形成期之后，女性与男性分开、各自表演的状态一直持续下来。其中元杂剧繁荣时期，女伶也十分活跃，《青楼集》记载了许多专业女伶的生平。根据叶玉华的考证，元杂剧中的"正末"这一男性角色是由女伶来演绎的②。因此如王国维所说，元代男女分演极有可能是事实。

　　在明代，昆曲是最流行的剧种，以昆曲发祥地苏州为中心的江南地区，很多戏班及演员聚集于此。根据当时文人的记述，男女优伶的表演活动场所有明确划分。男伶戏班一般作为公共娱乐、祭祀仪式的主角巡回各地演出，女伶戏班则大致分为妓女戏剧及"家班女乐"③。

　　但在男女分演的大背景下，男女合演的事例并非完全不存在。例如陆文衡《啬庵随笔》云："万历年间优人演戏一出一两零八分，渐加至三四两、五六两。今选上班至十二两，若插入女优几人，则有缠头之费，供给必罗水陆，此尤妄耗者也"④。由此可知男伶和女伶并非井水不犯河水，偶尔同台演出，也许是因其稀有，反而格外受到人们的欢迎。

　　明末清初，戏曲家李渔的代表作《比目鱼》⑤，是一部以演员生活为主题而编写的传奇剧本，故事中隶属于同一戏班的男女伶在一起表演戏剧的

---

　　①　王国维：《古剧脚色考》，余说四，男女合演考。

　　②　叶玉华：《说北曲杂剧系由女性演唱》，《元明清戏曲研究论文集》，作家出版社，1957 年。

　　③　参考陆萼庭：《昆剧演出史稿》（修订版）。

　　④　陆文衡：《啬庵随笔》，卷四。

　　⑤　《比目鱼》的小说版本为《连城璧》第一回《谭楚玉戏里传情　刘藐姑曲终死节》。

情况被活灵活现地描写出来。李渔培养了许多"家班女乐"且一生与伶人相处，我们可以从这部作品中窥探出当时戏班和演员的真实状况。从上述事例得以推测，明代及明末清初，男女分演是戏剧主流的表演方式，男女合演虽然没有普及，但并非完全不存在。后来康熙帝发布禁止女伶进城演出的禁令，此后不仅没有男女合演，甚至女伶的身影也基本消失了，男伶独演的状态持续了 200 余年。虽然没有明文规定，但前近代中国没有普遍实现男女同台演出的原因，无外乎担心其有碍社会风纪以及违反儒家伦理的"男女有别"。

至近代，戏剧的表演状态开始变化。如第二章所述，一方面男伶依旧活跃，另一方面女伶诞生并逐渐拥有与男演员比肩的实力。随着女伶的登场，男女合演问题自然进入大众视线。民国初期，戏剧工作者、知识分子等围绕男女合演问题进行了反复论争。1937 年出现了以下言论。

> 我国因了清代末叶严禁女子演唱，而只好以男饰女，所以在目前，以男饰女的尚多，然在四大名旦以后，男子扮女角而闻名的，似乎不多了，同时女子扮女角"坤伶"却如雨后春笋般的产生，所以不佞敢断言，再过十余年，国剧将以男饰男，女饰女为定例的了。①

虽然严禁女子演唱并非自清末始，但在十几年后的中国舞台上，男女合演确实得到普及并成为惯例。而且不仅是京剧，电影以及大部分舞台剧都开始遵循演员与角色性别一致这一男女合演规则。只是男女合演确立的过程却非短时间内轻易实现的，特别在近代上海，这一过程体现了近代社会文化的变迁以及女性观、价值观的变化。因此阐明这一过程，通过对百

① 朱吟天：《吟天斋谈剧》，《十日戏剧》，1937 年 4 月 20 日。

余年戏剧史、女伶史的整体观览，应该会让我们对上海的近代化过程形成更深刻的认识。下文将中国戏剧分为近代剧的新剧、话剧与传统戏剧两类，分别叙述其男女合演的历史。

1. 新剧·话剧

与中国传统戏剧相比，新剧和话剧发源于20世纪之后的上海，历史相对短浅。

1912～1916年间，新剧中女演员活跃一时。1906年，李叔同、欧阳予倩等留日学生受近代日本演剧改良运动影响，首先在东京创立了"春柳社"，该社的戏剧活动正是新剧的发端。辛亥革命前期大批留日学生回国，并成立了很多剧团，新剧开始在上海公演，最初表演新剧的演员均是男性。辛亥革命之后，新剧迎来全盛期，新剧女演员陆续登台。1912年女子参政会表演新剧之后，女子新剧开始流行起来，各女子学校频繁通过学生的戏剧表演进行募捐。另外商业化的女子新剧剧团也陆续成立，1914～1917年间，成立了普化女子演艺社、中华女子新剧社等二十余个女子剧团并开始活动[1]。

新剧的男女分演状态持续了一段时间之后，1914年出现了第一个男女合演的新剧，即苏石痴主办的剧团"民兴社"新剧。1914年9月20日《申报》文章《论男女共演》，指出9月4日民兴社上演了第一个男女合演的新剧。作者钝根观看之后，对女演员的参演做出高度评价，并对该社实现男女合演的背景进行了如下论述。"民兴社是苏石痴主持的，他原是新民社的演员兼后台主任，因和王无恐、汪优游不合，就退出另组民兴社，在法租界共舞台，首创男女合演……他办民兴社只是同新民争气，搞男女

---

① 参考林存秀：《风流总被雨打风吹去：民初上海女子新剧寻踪》；姜进等著：《娱悦大众：民国上海女性文化解读》，上海辞书出版社，2010年。

合演也不过是借以号召"①。

由此可知，民兴社的男女合演纯粹是为了吸引观众而采取的一种宣传方法，结果就是民兴社的男女合演虽然受到一时关注，但并没有稳定持续下去，男女分演仍是新剧主流。

民兴社实行男女合演的时期，女性表演尚未得到政府当局的认可。1914年8月，因女子新剧"关乎女界的名誉且妨碍地方风化"，江苏省教育会下令"解散女子新剧团"②。进而9月出现了《查禁女子演剧之催促》的报道，"江苏省教育会前以上海女子新剧团林立，风化攸关，函请沪海道尹设法查禁。当经杨道尹饬行，英法两公廨、上海县知事、淞沪警察厅一体查禁在案。此杨道尹以迄多日未据将查禁情形呈报，且访闻尚有女子新剧团预备于旧历仲秋开演，现正从事练习，甚有男女合演者。昨又严催查禁，以端风化，并着即日呈报云"③。

从报道看，男女合演的新剧与女子新剧应该都是政府取缔的对象，但在取缔命令下达后的数年间，女子新剧团仍然照常活动，男女合演的新剧也不间断地上演。从这一状况可以看出，政府在娱乐方面的约束力较低，而且女子新剧与男女合演的新剧虽然没有得到正式许可，但在民间早已流传开来。

1917年后，新剧进入衰退期，女子新剧对观众的吸引力也逐渐弱化。与坤剧的命运相似，女子新剧进入各游乐场，勉强得以维持。另一方面，学生戏剧朝着与新剧不同的方向发展，逐渐发展成为现在的话剧。特别是1923年，洪深有意培养女演员并追求演员与角色的一致性，并为其普及而

---

① 欧阳予倩：《谈文明戏》，《欧阳予倩全集》第六卷，上海文艺出版社，1990年。

② "既与女界名誉有关，且与地方风化有碍"，《申报》，1914年8月30日。

③ 《查禁女子演剧之催促》，《申报》，1914年9月21日。

付出了很大努力，其中最著名的当属他的对比策略。

　　他首先策划上演演员与角色性别一致的话剧，紧接着再表演男性扮演女性角色的话剧。结果"果然，一般观众们先看了男女合演，觉得很自然，再看男人扮女人，窄尖了嗓子，扭扭捏捏，没有一个举动不觉得可笑；于是哄堂不绝"①。1924 年 5 月，洪深导演的话剧《少奶奶的扇子》由上海戏剧协社公演，标志着中国话剧的正式诞生。男性饰演男性角色、女性饰演女性角色这一纯粹的男女合演得以实现，这也意味着中国话剧女演员的诞生。因此中国话剧史上，参加此次公演的钱剑秋等人被公认是中国最早的话剧女演员②。自此开始，近代上海的话剧一直保持男女合演的形式。

2. 传统戏剧

　　如第一章所述，1917 年上海最后一家坤剧剧场关闭，这意味着传统戏剧男女合演时代的到来。上海的坤剧剧场全部关闭之后，传统戏剧的女演员何去何从，菊屏这样说道："群仙既废，戏班解体，各组小班，以应游乐场之请求，而单独之名角，则加入男女合演之各舞台，此时以人数论，几两倍于昔者"③。人数逐渐增多的女伶们重新找到新的舞台，但从男女分演到男女合演的转变却并没有一帆风顺。

　　近代上海最早的女性戏剧是"髦儿戏"。有关"髦儿戏"的最早记载可追溯到上海开埠之前。根据陆萼庭的《猫（髦）儿戏小考》④，道光十七年（1837 年）姚燮滞留上海期间写下了《猫儿戏》一诗：

---

　　① 洪深：《我的打鼓时期已经过了么?》，《洪深文集》第四卷，中国戏剧出版社，1959 年。

　　② 濑户宏：《中国話劇成立史研究》，东方书店，2005 年。

　　③ 菊屏：《二十年前沪上坤班之概况（二）》，《申报》，1925 年 3 月 5 日。

　　④ 陆萼庭：《猫（髦）儿戏小考》，《曲苑》第一辑，江苏古籍出版社，1984 年。

其形至雏，其性至黠。居然自优，能狚能鹃。

三寸之烛，八尺之氍。鼓之舞之，其乐于于。

幼则用怜，长则用弃。色虽善魔，往将谁媚。

猫儿猫儿，假豹之皮。去豹之皮，群鼠相欺。

这首诗的题目下有注释"谓六七龄女童演剧者"，所以可知是指女童表演的戏剧，但女童们具体进行了怎样的表演尚不明确。

此后很长一段时间都没有女性戏剧的相关记载。归根结底，开埠前或开埠初期的上海，戏剧水平原本就不高，且戏剧产业也并非十分发达。但以太平天国运动为契机，上海的戏剧产业状况发生了很大变化。

内地人民，以上海为各国通商口岸，太平天国决不敢犯，恃为避秦之桃源，凡逃难者胥集于此，虽李秀成尝一度来侵，经洋人开炮轰击败刃而归，自此以后，终未再以兵力相加，于是江浙绅富益有恃无恐，来者不绝。上海在此离乱之世，气象反愈形繁华，迨清军克复金陵，黎庶幸脱兵灾，且居此已久，多不愿回返故乡矣。上海市面既极兴旺，娼寮亦因之而盛，女闾三百，悉在租界，善于揣摩风气者，进而设立女班演唱以投时所好。此女班所唱，皆属徽调，行头简陋，殊欠鲜明。①

太平天国运动使上海周边遭受战乱，但为上海提供了良好的发展机会。1862 年，李秀成率领的太平军曾对上海发起进攻，因此可以判断随着

---

① 刘松樵撰述、郑过宜润词：《同光梨园记略（一）》，《戏迷传》，1939 年 8 月 5 日。

上海繁荣而出现的戏剧女班，最早也应该是 1862 年之后的事情了。

1862 年，正值英租界"杏花楼"（又说"杏花园"）戏园开张，当代研究认为杏花楼是近代上海最早的坤剧剧场，据说曾有许多女班在此表演戏剧①。另外，当时数量众多的竹枝词也描绘出女性戏剧的人气盛况，"帽儿新戏更风流，也用刀枪与戟矛。女扮男装浑莫辨，人人尽说杏花楼"②。虽然 1874 年杏花楼即停止营业，但之后的 30 余年间，纯粹由女性表演的坤剧与完全由男性表演的戏剧以平行态势发展，男女分演的状态持续了很长时间。

随着时代的推进，男女合演的趋势征兆开始显现。最早受到关注的是一个偶然事件，1896 年 6 月 2 日《申报》刊载了名为《传讯女伶》的报道，内容是英租界监禁了广东人所开戏园中表演戏剧的女伶美玉及男伶桃仔并进行审问，监禁两人的原因是其表演淫猥情节。6 月 24 日《饬查女伶》又对最新事态进行了报道，女演员美玉以"男女混杂、风化攸关"的罪名而被判决送还本籍，并命令戏园今后停止雇佣女演员。但由于戏园无视其禁令，后面又有了 6 月 26 日《禁阻女伶》、10 月 19 日《驱逐女伶》等后续报道③。从最后一篇报道可知，即使禁令下达后的第三个月，美玉依旧在该戏园表演。根据这些系列报道的内容，可知美玉无视禁令继续活动是因为女伶短缺以及该戏园经营效果不佳，所以戏园老板出面与租界当局多方交涉的结果。从这次男女合演引起的风波中，我们可以推测男女合演这种演出形式在当时应该比较受欢迎。这次小骚动在《上海轶事大观》

---

① 参考《中国戏剧志·上海卷》（中国 ISBN 中心出版，1996 年）、赵山林著《中国近代戏曲编年》（华东师范大学出版社，2008 年）。

② 养浩主人：《戏园竹枝词》，《申报》，1872 年 7 月 9 日。

③ 《传讯女伶》《饬查女伶》《禁阻女伶》《驱逐女伶》，分别登于《申报》1896 年 6 月 2 日、24 日、26 日，10 月 19 日。

的"上海男女伶合演之历史"一节中也有记载①。书中指出,美玉所演的戏剧属于地方戏粤剧,观众仅限于广东人,所以这次事件的影响也并不大。从舆论报道来看,美玉和桃仔的合演不被社会认可的原因还是在于男女合演被看作是"有伤风化"的,破坏了社会风俗。即在清末民初这个社会转型期,"男女有别"的儒家伦理依然根深蒂固,男女合演仍无法毫无障碍地被社会接纳。

此时,京剧之外的传统戏剧尚未培养出女伶,所以男女合演自然还未形成问题。例如上海土生土长的地方戏本滩(即后来的申曲和沪剧),也没有起用女伶,所有的角色都由男伶饰演②。

20 世纪之后,男女合演登上历史舞台。

光绪末年,大新街丹凤戏园,领得男女合班照会,从事开演,此实为上海男女伶合演之滥觞。然其时男伶演剧,并不搭配女伶,女伶演剧,男伶亦不搭配。男女伶名虽合班,实则并不合演也。嗣因营业不佳,经理者竟以男女合演为尝试,以资号召。事为工部局查知,立将照会吊销,遂至十余年来,无复继起之人。后法租界凤舞台,承丹凤之后,援丹凤成案,接踵而起,至今相沿不绝。虽园主屡易,而男女合演如故,甚至民兴社新剧。最近李春来之升平舞台,无一不男女合演,盖法捕房禁令较宽,而沪人心理日趋淫靡,实非此不足以立足。③

---

① 陈伯熙:《上海轶事大观》(上海书店出版社,2006 年,1924 年初版)"上海男女伶合演之历史"。
② 参考《上海沪剧志》,《上海文化艺术志》编纂委员会,1999 年。
③ 陈伯熙:《上海轶事大观》(上海书店出版社,2006 年,1924 年初版)"上海男女伶合演之历史"。

　　这里提到的丹凤茶园是光绪二十六年（1900 年）开业的戏园，所以男女合班应该是那之后的事情。1910 年开业的凤舞台最初上演坤剧，但后来逐渐推行了男女合演，并因此成了著名当红戏园①。

　　另一方面《上海鳞爪》一书中，关于男女合演则有不同的记载。

　　　　海上男女伶人的界限，从前各有分别，演起戏来也不相混合。十几年前，周咏棠（即"四盏灯"）和妻"媚香楼"接租共舞台后，仿平津办法，首先创办男女合演，伶界风气为之一变，此只法租界一隅而已。又过了几年，英租界及华界各戏园、各游戏场，也都接踵而起，一律实行男女合演。又英租界戏园之男女合演，要推顾竹轩开设之天蟾舞台为倡始哩。②

　　乍看之下似乎与前面的史料矛盾，但稍加调查可知，共舞台的前身即凤舞台。1913 年以后，黄金荣成为凤舞台老板，实行男女合演并改名共舞台。这里提到的京剧名角周咏棠，应该是受雇于黄金荣，担任共舞台的经理人。另外英租界天蟾舞台虽然是 1916 年开业的戏园，但最初的经营者并不是顾竹轩。这则史料虽然并没有详细记载时间，但可以确定的是 1920 年以后顾氏成为天蟾舞台的经营者。

　　英租界内男女合演的普及，确实始于天蟾舞台，做出这个决定的人是顾竹轩。1926 年 11 月的《申报》刊载了工部局公报中关于男女合演的相关内容③，由此可以了解整件事的来龙去脉。

---

　　① 　参照《中国戏曲志·上海卷》（中国 ISBN 中心出版，1996 年），"上海其他戏曲演出场所一览表（茶园剧场）"。

　　② 　郁慕侠：《上海鳞爪》，上海书店出版社，1998 年，1936 年初版。

　　③ 　《工部局公报摘录·中国剧场男女合演问题》，《申报》，1926 年 11 月 5 日。

1926 年 9 月 15 日，顾竹轩向公共租界工部局提交了一份申请书，"呈为拟添聘坤伶，加入合演，以应时世需求"，其理由如下。

上海为华洋互市最繁盛之商场，与内地情形迥异，舞台虽为公共消遣之地，然引古证今，劝忠教孝，实有改良风俗感人于不知不觉之可能，且营业之盛衰，关系市面，未有舞台营业独盛而市面尚呈冷落之气象者。惟年来时事潮流，戏剧一端，非新旧互演，不足以鼓人兴趣，招徕顾客，且非添聘坤伶加入，实行男女合演，亦不足以一新耳目，克保利源，若不起而改图，实于营业前途大有关碍，伏查法界共舞台华界新舞台，皆有女艺员合演，即如治下新世界、神仙世界、乐园、天韵楼、各游戏场，串演新剧，均参加女角，数载以来，尚无妨碍。

10 月 7 日，工部局就此事咨询了上海总商会，其咨询内容耐人寻味。

查华戏院男女合演一节，为戏院执照上第九条所不许，文曰：不准开演淫乱及非礼之戏剧，并不准男女合演。然该条后段之置于戏院执照内也，实关华人之感想，而根本上非尽为捕房维持道德之一种手续也。如华人此项感想现已消灭，则弊局亦不妨将该项禁例撤除，作为一种试验。

10 月 14 日，上海总商会进行回复。表示鉴于上海已经有新世界游乐场等数个实行男女合演的场所，所以对这次撤销禁令的要求并无异议。10 月 20 日顾竹轩第二次提出申请，要求租界许可男女合演。10 月 25 日，工部局正式批准了顾竹轩关于男女合演的请求。

　　敝局为候总商会对于撤消关于该题之禁例发表意见，以免与华人之感想有所冲突，故迟未决定，今该会已有复函，并不反对，故敝局决定暂准所请。惟为公众利害上发生关系时，敝局得随时将该项准许撤消，此复天蟾舞台顾竹轩先生鉴。

　　从顾竹轩、工部局、总商会三者的相互交涉中，首先可以确定正式解禁以前，法租界和公共租界中其实已经存在男女合演的先例，即男女合演的新剧，但传统戏剧似乎尚未实现男女合演①。且如顾竹轩所言，剧场引进女伶并实行男女合演的迫切要求，完全是受到商业利益的驱使，这说明对娱乐产业而言，男女合演已经成为今后戏剧发展的必然趋势。

　　值得关注的是上文工部局所强调的"华人之感想"。这里所谓"感想"，无疑指关乎"风化"的"男女有别"之价值观念。当代诸多近代上海史研究中，多将租界禁止男女合演一事视为外国势力压迫的典型之一。但从这则史料可以看出，工部局似乎是为了尊重中国人的传统伦理观念才禁止了男女合演。诚然，仅凭这份公报难以得出最终论断，但与租界当局的压力相比，似乎中国人的儒家伦理观念应该才是一直以来阻碍男女合演的主要原因。

　　如上所述，经过19世纪90年代的美玉事件、顾竹轩请愿、总商会同意，最终男女合演获得当局许可，在社会上普及开来，这也说明了三十余年来，上海社会吸收西方近代新思想，价值观已逐渐改变。

　　总结上述内容，可以得出以下结论。近代上海，女伶虽自传统戏剧中

---

　　①　顾竹轩经营的天蟾舞台，是民国时期上海顶级的京剧戏园。现已改名为"逸夫舞台"，是当代上海著名的京剧剧院。

诞生并发展而来，但长期以来与男伶互不干涉，分别进行演出。之后男女合演作为吸引观众的手段时有出现，而政府当局始终以"有伤风化"为由进行压制，使其难以普及。民国以后男女合演逐渐流行，尤其是 1917 年以后，上海的坤剧剧场全部关闭，男女合演逐渐一般化、普及化，开始逐渐成为戏剧表演的主要形态。20 世纪 20 年代以后，虽然男女分演仍未完全消失，但仅限于少数戏班，已无法成为主流。各大报纸的广告中虽经常能看到诸如"女子申曲""女子苏滩""女子蹦蹦戏"之类的女性戏剧宣传，皆大多是在游乐场间歇上演的小型演出。从整体趋势来看，京剧和各地方传统戏剧的男女合演是必然趋势。

二　性别反串

随着男女合演的普及，男旦坤生之类的反串表演也必然有所改变。这种变化，在男女分演历史最悠久的京剧界尤为明显。坤剧中，饰演男性角色的女伶，特别是饰演中老年男性角色的"老生"地位最高，精于此道的著名女伶大有人在。另一方面，20 世纪以后的男性京剧界，梅兰芳的人气程度逐渐超过老一辈的"伶界大王"谭鑫培等人，在完成世代交替的同时，"旦"角取代以往的"老生"，成为最受欢迎的行当。这种情况下，男女合演普及之后，时常会出现饰演男性角色的女伶与饰演女性角色的男伶同台演出的情景，如孟小冬和梅兰芳。这种表演方式当然属于男女合演，也可以说是反串表演的延伸。出现如此舞台反差，有演员和戏剧两方面的原因。

首先是男女分演时期被培养、成长起来的伶人，有很多擅长反串表演的男伶和女伶，男女合演形式普及之后他们仍在继续演出，直至其舞台生涯终结必然会持续专业的反串表演。特别是像"四大名旦"这样的男伶，表演生涯长达数十年，所以男旦艺术直到新中国成立后仍然能够长期存续。

当然，清代以来日臻成熟的"男旦"即使在近代思潮影响下逐渐势弱，但其艺术和观众基础深厚，不可能短时期内迅速消亡，直至男女合演完全普及多年后的 20 世纪 40 年代，社会上仍然有力挺男旦的声音。《论男伶扮演女角》一文对这种现象和观念做了介绍。

> 有许多人反对男伶扮演青衣花旦，他们的理由是说，男伶扮演女角乃是在封建时代唱戏的不得已的办法，因为在那个时候，有所谓"男女授受不亲"的礼教束缚，男女伶同台合演，就会被指为破坏礼教有伤风化，为一般卫道之士所大忌，亦且为法令所不许。但自清室推翻，民国肇兴，封建制度被打倒之后，戏剧界也得到了空前的解放，女人乃得以踏上了红氍毹，名坤伶如雪艳琴、章遏云、新艳秋、吴素秋等人才辈出，且色艺俱佳，予人印象至为良好。女伶既然已能演戏，而且演的又不坏，青衣花旦的角色自应让女伶们去担任，男伶们不当再扭扭捏捏地去装扮女人的表演，这才是合理的现象。然而现在的男伶们仍想和女伶们抢饭吃，不肯退回自己的本位，老的如四大名旦，往者已矣，不必再谈，年青而正在习艺的实不再应给他们去效仿这女人的勾当了，可是仍有许多伶人们在训练着自己的子弟唱青衣，还希望他们的后辈能在将来的舞台上成为名角，痴想这不合理的现象能永远继续存在。①

这番话不但简要概括出传统戏剧从男伶独演至男女合演这一变迁的原

---

① 范石人：《论男伶扮演女角》，《半月戏剧》，1947 年 9 月 15 日。

因和过程，还涉及了社会上对男旦（即男性反串表演）的看法。虽然当时男演男、女演女已经成为一般规则，但支持男旦表演、继续培养男旦的现象似乎仍然存在。"然而又有许多人去赞成男伶去扮演青衣花旦，他们提出女伶的四点缺点，第一女伶的嗓音不及男伶宽，第二女伶的功夫不及男伶深刻，第三女伶的表演不够淋漓尽致，第四女伶的舞台生命不及男伶们长"，对此该文作者举例一一反驳了关于女伶的前三条缺点，仅承认女伶舞台生命短暂才是一句大实话。

而在男女合演普及之后，传统戏剧中女伶的状态也发生了变化，"坤角的出路越发窄了，在从前是生旦净丑各行俱备，现在从男女合演的结果，造成了坤角为旦角专行，残留下极少数唱老生的，也不过是特殊状态，并非正常"①，可知不仅男伶逐渐退出青衣花旦，女伶也慢慢淡出了旦角以外的角色扮演。

除了演员自身的因素，另一个原因是传统戏剧的特殊性质。

身穿近代服装、表演近代故事、表近代思想的近代剧，是"写实"的戏剧，即自然、真实地讲述舞台故事，这是近代剧的特征和重要原则。演员与角色性别不一致的近代剧因为反"自然"，很快会引起观众的反感，因此演员与角色性别一致的男女合演近代剧，除去早期有关"风化"的障碍之外，能够几乎毫无障碍地确立起来。另一方面，有着特殊服装要求和舞台布置背景且必须遵从特定"程式"演出的传统戏剧，是"写意"的戏剧，即不拘泥于"自然"，观众必须根据演员的脸谱和服装来分辨角色的性别，根据演员的身段和唱腔来判断演出的优劣。基于这样的特殊性质，所以传统戏剧中演员的性别被模糊化、边缘化，原本厚重妆容遮盖下微弱的不协调感也被弥补了。

---

① 严格：《纵论坤角（一）》，《三六九画报》，1939 年 11 月 9 日。

　　不仅在上海，近代中国除了话剧、电影等"写实"的艺术，人们对传统戏剧的反串表演不但没有抵触情绪，反而像女子越剧那样充分展现出反串表演戏剧的魅力，且音乐、唱腔与演技都十分协调的戏剧，反而可能独树一帜，更获追捧。总而言之，反串表演的兴衰，虽然受到社会制度和价值观变化的影响，但其存续与戏剧自身的特质有很大关系。

附论
近代中日女性表演之发生与发展

　　如第二章所述，中日两国在进入近代之前有一个极为相似的现象，即传统戏剧中均没有女性。在中国，专门饰演女性角色的男演员被称为"男旦"，最著名的是以梅兰芳为首的"四大名旦"；在日本则称"女形"，如歌舞伎界代代袭名的坂东玉三郎。

　　这种现象源于中日前近代两个朝代极为相似的政策。康熙年间，清政府下令禁止女伶登台，"虽禁止女戏，今戏女有坐车进城游唱者，名虽戏女，乃与妓女相同，不肖官员人等迷恋，以至罄其产业，亦未可定，应禁止进城，如违，进城被获者，照妓女进城例处分"。此后除了家庭戏班的内宅演戏，女性在公开场合的戏剧表演愈来愈少，男旦逐渐兴起。而在日本，歌舞伎则始于江户初期（1603 年），出云阿国在京都表演女子歌舞伎舞蹈风靡一时，女歌舞伎在其后 20 余年间一直备受大众欢迎，直到宽永六年（1629 年），德川幕府担心这种大众娱乐有伤社会风化，遂发禁令"十月，女舞、女歌舞伎等御制禁"，所以当代歌舞伎、狂言等传统演剧基本仍是男性表演的世界。

　　这种相似的情况各自持续了 200 余年，终于在近代开始有所改变。中国自晚清起，上海周边陆续出现女班"髦儿戏"，原本仅在堂会表演昆曲或京戏的女伶开始逐渐渗入公共空间。几乎同一时期，作为明治维新的重要一环，日本兴起"演剧改良运动"，从而诞生了近代"女优"。中国与日本的女性表演虽然都出现于近代，但由于两国的历史背景与社会发展迥异，所以中国的女伶和日本的女优，无论是先天条件还是后天发展都有很大差别，行业的整体走向也大不相同。本章旨在厘清近代中国与日本相继发生女性表演的社会背景与关键因素，并根据其原因初步解释其后各自发展的方向与趋势，并通过比较来阐明近代两国女演员的真实形态。

一　中国与日本戏剧中的女性表演

众所周知，中日两国的近代化过程呈现截然相反的走势。近代中国，围绕旧体制的解体与新制度的构建进入动荡的摸索阶段，而日本则在陷入被殖民危机之前就开始了自上而下的改革，积极推进西化，相对顺利地走上近代资本主义道路。在对比鲜明的大环境下，两国的传统戏剧也随着激荡起伏的国家形势走向不同的道路。

中国历史上，女伶曾有过很多称谓。唐代《因话录》"肃宗宴于宫中，女优有弄假官记"之记述[1]，所以可判断"女优"一词至少在唐代就已经开始使用。此外还有"女伶""坤伶""女乐"等词，均指专事戏剧表演的女性。当代相关研究一般认为同治年间中国南方频繁出现的"髦儿戏"（又称坤剧），就是近代中国女性表演的开端。19世纪末，上海租界还有专门的坤剧剧场，女班先后在此表演昆曲、京剧、梆子剧等时代流行戏剧。后来女性表演逐渐超越剧种和地域，在全国范围的传统戏剧乃至舞台剧中普及开来。

---

① 赵璘：《因话录》，上海古籍出版社，1979年。

　　日本的女性表演则有所不同。日本各个时代的艺能史中多见有关女性表演的记录，傀儡女、游女、白拍子女、曲舞女等，古代、中世的日本艺能甚至可以说以女性为主①，这种情况一直持续至江户幕府禁止女歌舞伎。明治时期，歌舞伎男演员一般称"役者"，仅有个别著名女演员，如市川九女八才有资格被称为"女役者"②。直至明治二十年代（约 1890 年前后），"女优"这个新词汇才被固定下来并逐渐普及，并一直沿用至今。而"日本第一号的女优"并非从歌舞伎界出现，而是给予了出道即为新派剧（明治时期改良歌舞伎而形成的新剧种，类似早期话剧）演员的川上贞奴。川上并不具备传统演剧（歌舞伎、狂言）的基础，她曾创建"帝国女优养成所"培养新式女演员，继她之后出现的著名女优森律子、松井须磨子等人均是以新派剧演员身份登上舞台的。总之，日本"女优"诞生于非传统演剧中，且自诞生起即代表着新的时代形象与意义。

　　而同时期的近代中国，"女优""女伶""坤伶"等仍然是传统戏剧女性表演者的常用称谓，即并没有随着女性表演的兴起而创造出新的名词。直到新中国成立后，因"优""伶"等字带有歧视意义，这些旧名称才统一被"女演员"所取代。所以，明治时期如雨后春笋般出现的日本"女优"，与同时期开始登上大众舞台的中国女性表演者，其实完全是不同领域的产物。

　　近代中国的女演员，在经过长期压制之后终于自传统戏剧内部萌芽，后来活跃于各个剧种与近代舞台剧中。经过几十年的成长，中国的女性表演经历了从"男女分演"到"男女合演"的过程，女演员从最初不被戏剧界承认的边缘地位，到逐渐成为一种女性职业而被社会各阶层所接受。而

---

①　胁田晴子：《女性芸能の源流——傀儡子·曲舞·白拍子》，角川书店，2001年。

②　榎本滋民：《つなぎ役の悲哀》，《演劇界》临时增刊，1982 年 11 月。

同样被统治者封印的日本"女优",也几乎于同一时期开始活动,但与中国相反,她们并不是应大众需求而生,也非来自传统戏剧中的自然萌芽,而在很大程度上是被新兴统治者的意志所影响,与明治维新时的诸多改革同样是自上而下被推行的。日本女性表演的兴起与其"演剧改良运动"密切相关,对近代中国的"戏剧改良运动"也产生了较大影响。

二 日本"演剧改良运动"与中国"戏剧改良运动"

明治时期,日本积极移植西方文明,社会上各种"改良"流行,其中"演剧改良运动",指提倡改良歌舞伎、将其变革为适合近代社会之演剧的运动,是当时影响较大、较为成功的改良运动之一。

从歌舞伎发展史来看,明治初期的歌舞伎文化已经达到高度成熟期,寻求新的突破也是自然发展的趋势。当时,歌舞伎是日本唯一的大众娱乐演剧,明治新政府欲使演剧在文明开化、大众教育以及对欧美发达国家外交体面上有所作为,所以出现了演剧改良的新理念。当然除了政府的提倡,当时西欧以及世界各国的戏剧陆续翻译至日本,欧美留学生们写成的观西方戏剧的感想在日本公开发表等因素,都对改良运动起到了推动作用。明治十九年(1886 年)成立的演剧改良会,是改良运动的主力,它提倡向西欧戏剧学习,成员包括井上馨、伊藤博文、西园寺公望等元老级政治家,可见政府对演剧改良的重视。

在一系列演剧改良运动中,"女优"与"男女合同改良演剧"是重要课题。演剧改良会成立前后,"女优论"已成为社会公开议题,虽然舆论主流是提倡女演员重登舞台进行表演,但社会上的反对思想还是比较浓重,比如有人主张"女形"是日本独有的表演艺术,应该坚持保存、保护下去,也有人认为,现实中还没有能够表演歌舞伎能力的"女役者",所

以女性表演很难实现①，总之仍有许多人对"女优"及其登台持怀疑或否定态度。而针对男女合演问题，社会的主要担心则集中在扰乱风纪方面。明治二十四年（1891年），东京济美馆掀开了"男女合同改良演剧"的序幕，女演员千岁米坡正式登场演出，而政府对此事采取了默认的态度。

总之，近代日本女演员的兴起与"演剧改良运动"密切相关。如果没有众多人士对歌舞伎的改良意识，也许女演员的出现还要推迟数十年。如果没有西化过程中接受西方表演艺术的影响，女演员也不可能最终重返舞台。

再来看中国的情况。清末兴起的"戏剧改良运动"比日本要晚很多。1902年，梁启超在《新小说》发表《小说与群治之关系》，首先提议改良戏剧。翌年，蔡元培、陈去病在《俄事警闻》发表社论《告优》，呼吁优伶自强崛起。1904年，陈去病、汪笑侬在上海创办中国最早的戏剧杂志《二十世纪大舞台》，表现出全面推进戏剧改良的积极姿态。在这几位戏剧改良的精神先驱中，梁启超的文章完成于日本，他很有可能受到了日本"演剧改良运动"的影响。

然而"戏剧改良运动"的早期主张，并非站在演员的立场上呼吁社会改革，如《告优》中说："要救这一场大祸，只有叫中国人个个都想拒俄的法子。但无论怎样的办报、发传单、演说，总有许多地方行不到，有许多人不会看，有许多人不愿听，这时要用着你们的手段了。你们编出一套新戏，同行中就都传开了，不多几天各处要看到这个戏了……你们既然有这个功劳，害怕别人看轻你们么"②。这段话的历史背景是俄国趁义和团事件占领中国东北，某些爱国人士不过是想借用演员表演的宣传作用，其他

---

① 小柜万津南：《日本新劇理念史　明治中期篇——明治の演劇改良運動とその理念》，未来社，1998年。

② 蔡元培、陈去病：《告优》，《俄事警闻》，1904年1月17日。

知识分子考虑的戏剧改良思想也大同小异，均强调演员的社会教化作用。这种呼声虽然有积极的时代意义，但只限于极少数阶层，很难传达至以普通大众为主的观众心中。

"戏剧改良运动"的重点在于改革剧本，避开忠君、仁义等传统意义，改为与时事相关的主题。1906 年，李叔同、曾延年等人在东京创立留学生团体"春柳社"，开启了中国话剧运动的序幕。1912 年，留日学生陆镜若在上海成立"新剧同志会"，吴我尊、欧阳予倩等人相继加入，多使用西方剧本与春柳社共同表演。"戏剧改良运动"的生力军多为留日学生，可见其受日本"演剧改良运动"影响之深。

那么"戏剧改良运动"中，中国女演员处于何种状态呢？如前所述，在运动开始之前已经有传统戏剧的女伶在上海等地活动。其中京剧女伶金月梅，曾通过改变舞台道具和方言台词改革京剧，一时间大受欢迎，成为唯一与改良运动有所关联的女演员。但是这种改良也仅限于表演方式，并没有从根本上动摇传统模式，而且个体演员的人气爆发，也不会对女演员这个行业整体产生太大影响。另一方面，留日学生主导的文明戏中，1914年出现女性新剧团，还有尝试"男女合演"的剧团，但两年后文明戏即开始全面衰退，文明戏的女演员们尚未成功便黯然退出舞台。所以，"戏剧改良运动"中诞生的新剧和文明戏均没有对女演员这一行业带来根本性转机，反而是以京剧为代表的传统戏剧内部迎来女演员的发展高峰期。

通过各自的改良运动，中日两国女演员见证了不同的历史命运。首先，从大的社会环境来看，两个国家正分别处于上升与下降的阶段，同一种戏剧，即使改良的目的与方法相同，其效果却有可能大相径庭。日本的演剧改良会，有首相伊藤博文等人的支持，从其成员构成即可以看出应具有强大的影响力与实践力，且改良目标并没有单纯停留在艺术层面的革新以及精神层面的充实，而是与当时维新运动的社会变革目的完全一致。所以改良的成果除了创立了新式舞台剧之外，更将西方文化逐步植入演剧界，使演剧也成为维新的宣传者与承担者。其次，从结果看，虽然传统歌舞伎最终没有实现女性表演，但通过改良运动，新派剧等其他各类演剧中诞生出了"女优"，并逐步成长、发展起来，这可以说是"演剧改良运动"的一大功绩。

与日本相比，中国"戏剧改良运动"的理论指导者是思想家与文人，实践者是著名优伶，但缺乏事实上的政治或经济方面的实权者。相反，在清末民初的中央或地方实权者中有很多传统戏剧的爱好者，所以在他们之中几乎没有人对戏剧改良表示理解。另一方面，留日学生发起的文明戏运动几乎完全模仿日本，他们忽略了中日国情的不同，方式过于激进，导致运动在辛亥革命过后就失去了方向。另外，以女演员还很少的日本演剧为榜样，这或许是文明戏女演员很难再进一步的原因之一。

中国"戏剧改良运动"进行的十余年间，正是传统戏剧女演员崛起的时期，但二者几乎毫无交汇点。日本"演剧改良运动"对中国女演员的发展没有产生直接影响，不仅源自两国国情不同，也许还因为当时日本的女演员也处于刚刚起步的阶段。

三　近代中国与日本的女演员之比较

自古中国"娼优不分家"，女伶兼做娼妓，而日本的艺者、舞伎等也均有恩客支持。近代中国戏剧女伶的很多人出身娼妓，这与日本川上贞奴、千岁米坡等艺妓出身比较相似。在尚未形成女演员培养体系的时期，具有表演基础的女性通常成为女演员的先驱，前近代的女性表演者与娼妓一般，社会地位低下，这一点两国几乎无差异。至近代，社会形态变化之中，女演员重现舞台并被赋予新的使命，因为国情与社会状况的差异又使两国女演员的命运截然不同。本节通过具体比较分析两国代表性的女演员，以她们不同的人生轨迹来凸显近代中日两国女演员的差异。

虽然川上贞奴被称为"日本第一号女优"，但她的身上传统因素与近代特征混杂，加之其个人命运的传奇性与特殊性，所以很难说她能够代表当时大多数的日本"女优"。与她相比，近代西式教育培养出来的帝国女优养成所第一期学生森律子（1890 – 1961）①，或许更具有近代日本女演员的典型性。中国方面则选取刘喜奎（1894 – 1964）②为例，她曾是清末民初传统戏剧的头号女伶，新中国成立后也继续进行演艺活动，所以她的史料较同时代其他女伶更加丰富且值得信赖。下面从家庭出身、演艺学习、戏剧人生、社会地位这四个方面分别进行比较。

森律子的祖先曾出仕久松藩，明治维新后没落，森律子出生时其父在东京开办律师事务所，当时属于中流以上的家庭。刘喜奎的祖父是道光年间的进士，曾在江西省做官，其父原本在天津的兵工厂工作。刘喜奎7岁时丧父，从此与母亲相依为命。两人的家世都不是平民，但凭借父亲的努力重新回归上层社会的森律子，与传统经济秩序崩溃中逐渐没落贫困的刘喜奎，幼年的人生出发点即已有较大差距。森律子在报纸上看到帝国女优养成所的招生广告后即立志于表演事业，并得到了父母的理解，可以看作是一种自由职业选择。而刘喜奎8岁进入梨园是其母女走投无路后的选择，中国传统戏剧中基本功培养非常重要，一般孩童自五六岁即开始进行训练。小孩子自然无法自己选择职业，也就无法像森律子那样拥有对表演行业的热爱和执着，更谈不上职业自豪感。

进入演艺学习阶段，两人面对完全不同的世界。森律子在考试合格后

---

①　森律子：《女優生活廿年》，大空社，1990 年。
②　文史资料研究委员会：《京剧谈往录续编》，北京出版社，1988 年。

正式进入养成所学习，培训科目除了新剧、旧剧、日本舞蹈、西洋舞蹈、长刀等专业课以外，还有声乐和英语，并由外国人教授西方舞蹈。从培训内容上看，森律子接受的是近代化女演员培养模式。而刘喜奎受到的仍然是传统师徒关系下的旧式科班训练，每天繁重的基本功练习，受师傅虐待的事情也经常发生。当时中国尚未出现正规的演员培训学校，虽然有崇雅社这样专门培养女演员的新式科班，但也仅限于教授戏剧表演。1930年，中国最早的近代戏剧学校——中华戏曲专科学校成立，才开始教授演戏以外的文化课程。

再看她们的表演生涯。从养成所毕业后，森律子即顺利登上了帝国剧场的舞台，进而参加欧洲巡演，甚至进军电影界登上银幕，整个艺术人生堪称辉煌耀眼。大正二年（1913年）3月至8月，森律子巡游欧洲，参观学习了伦敦、巴黎等地的剧场和艺术学校，亲身与欧洲女演员进行交流。刘喜奎在登台演出后，曾先后在上海、营口、天津、北京等地演出，被赞誉为"坤伶大王"，她鼎盛时期的表演活动与人气程度与律子相比毫不逊色。但森律子直至昭和八年隐退，表演生涯持续30余年，而刘喜奎退出舞台时却只有27岁。在中国不仅是刘喜奎，大多数女演员的演艺生涯都比较短暂，且结局悲惨者居多。清末及民国史料上留名的传统戏剧女伶有百人以上，但新中国成立后仍能够持续舞台表演的不过寥寥十数人而已。刘喜奎在鼎盛时期，作为中国著名女演员也曾收到过日本演剧界的多次邀请，但她最终并没有像森律子那样获得出国交流的机会。日本女演员可以直接接触到西方女演员，而中国女演员连接触日本女演员的机会都没有。

最后，比较二人作为女性的人生经历。森律子没有结婚，而是做了益田太郎冠者的情人，她收养侄女赫子做养女，并培养其也成为女优。刘喜奎在十六七岁时成名，随即不断面对各种权势者的追求，先是被军阀张勋纠缠，与母亲一起逃到北京，又被陆军参谋次长陆锦求婚，刘喜奎拒绝后被诬告报复，无奈之下选择结婚隐退，嫁给了陆军职员崔承炽，但因为陆锦的报复，结婚仅二三年就成了寡妇，后来与养子度过了30余年的隐居生活。二人均没有正常家庭生活且无亲生儿女，这与当时的社会环境不无关系。

森律子说服双亲成为女演员时，其父曾说："你如果因为崇高的理想选择女优行业尽可放手作为。但如果因为无聊之事受挫，或做出有辱武士家名的事情就以死谢罪"，并在先祖灵前给了她一把祖传短刀。虽然当时日本上下都在努力西化，但传统思想意识不会在短时间内完全改变。无论是森律子还是刘喜奎，都无法彻底摆脱女伶先驱者的波折命运。森律子的弟弟因为姐姐是女优而自杀，而刘喜奎的叔父据说也是因为侄女唱戏为家族蒙羞而一怒身亡。无论是近代日本还是中国，女演员被普遍接受为正当职业的过程曲折漫长，来自家庭与社会的压力以及排斥依然根深蒂固。

与森律子、刘喜奎同一时代的女演员还有很多，如日本新派剧女优初濑浪子、村田嘉久子、河村菊江等，中国京剧女伶恩晓峰、王克琴、金玉兰等，虽然每个女性的命运际遇各不相同，但仅看其作为女演员的表演生涯，无不带有上述近代国家发展的浓重印记。

如前所述，中日两国女演员均在近代国家的变革时期出现。在日本，"女优"完全是崭新领域萌芽的近代化产物，并没有在传统演剧歌舞伎、能、狂言中出现，歌舞伎至今仍没有接纳女性表演。而在中国，女演员诞生于传统戏剧内部并发展起来，考虑到京剧本身即是融合多个剧种发展的艺术，由此可以窥见中国传统戏剧的柔软性。

与日本不同的是，近代中国女演员的兴起主要以经济效益为契机。最初"髦儿戏"的成功，原因有女性表演的新鲜感与视觉冲击、占观众绝大多数的男性观众对女色的追求等，女演员的抬头与演艺活动被商人、观众和男演员所影响。所以即使表演艺术有长足的进步，女演员也一般处于被

动地位。而且因为整体文化修养较低，并没有出现如川上贞奴般的领导型人物，也罕有实现较大规模合作的机会。所以在戏剧界内部，男演员依然握有绝对主动权。例如民国初期北京解禁坤剧，因为女演员的人气爆发引起男演员的危机感，所以戏剧行会"正乐育化会"请愿禁止坤剧，最终女演员再次被禁演。

日本新派剧等舞台剧女演员，虽然始终没能进入歌舞伎等传统艺能领域，但后来开拓出更加广阔的道路，电影兴起后纷纷进军银幕。而中国传统戏剧的女演员则基本上没有超出舞台范畴，20世纪20年代后半期开始，电影、话剧、歌舞剧等各个新的艺术表演领域陆续出现女演员，如著名的胡蝶、阮玲玉、周璇等人，同时评剧、越剧等传统地方戏剧也各自出现鼎盛时期与代表人物，如白玉霜、袁雪芬等，她们共同对近代中国女性表演的发展做出了贡献。

综上所述，日本江户初期的女歌舞伎禁令是封印女性表演的开始，而清朝前期对女伶的限制也使其在历史舞台上逐渐消失。两国几乎同时出现数百年间女性表演空白的现象也许只是历史的偶然，但近代两国女演员的产生却是大势所趋，且存在各自的历史背景与社会因素。中国近代的女演员随着禁令的缓解而复活，并应社会大众的需求而逐渐成长起来。从结论来说，中国传统戏剧内部情况的变化是女性表演出现并得到发展的主要原因，而在日本，因为女歌舞伎诞生后很快就被禁止，所以基础相对薄弱，即使到了现代，歌舞伎界也没有接纳女性，所以近代日本的女演员主要是明治维新时期西化的产物，受西方文化影响甚深，演剧内部的变化反而是次要的。

森律子

资料来源：《歷史写真》，1913 年

刘喜奎

资料来源：《戏考》，1918 年第 6 期（全国报刊索引）

结　语

　　因笔者水平和学识有限，本书主要就近代上海女性表演的发生和发展过程做了一些探讨，其中对坤剧、电影、越剧及其女伶有较为详细的考察，尝试从女伶发展的角度初步摸索出上海社会文化变迁的一条脉络。

　　清政府的禁令使女伶在长达 200 余年的时间里消失于公共舞台。晚清，南方堂会中流行的"髦儿戏"逐渐从私人空间走向公共空间，19 世纪末终于登上社会舞台，以坤剧独有的魅力获得大众欢迎。早期的坤剧戏班主要表演昆曲，京剧在上海流行后均改唱京剧。坤剧及其女伶的发展，与上海开埠城市的特点有密切关系。在女性看戏和女子演戏都受到传统社会意识批判的时期，拥有"治外法权"的租界为坤剧提供了宽松的外部环境，几乎所有坤剧戏园都位于租界之内。近代上海娱乐产业激烈的竞争中，坤剧戏园以"廉价"这一经营手段长期存续下来，是 19 世纪后半期蓬勃发展的上海市民文化的重要一环。上海戏剧产业的发达，还吸引了诸多北方名伶前来，全国各地的坤剧女伶频繁来到上海演出，她们在上海的演出经历不仅促进了坤剧的发展，还确立了自身的舞台地位和影响力，女伶开始超越地域界限开始了全国范围的表演活动。

　　至 1910 年代，京剧一直是上海娱乐业王者般的存在。然而随着 20 世纪 20 年代国产电影开始流行，以上海为中心的电影产业进入黄金时代。电影凭借其可以表达"近代性"的优势，以及在经营方面的诸多便利逐渐压倒京剧，成为上海滩最受欢迎的娱乐方式。而且与男伶为主的京剧界不同，电影界无论是制作还是放映皆以"女明星"为中心，且电影女明星可以在时尚等各方面全面渗透人们的生活，其人气超越京剧女伶，成为近代上海滩的代表符号之一。随着电影产业的快速发展，对女演员的需求也不断增多，主要可分为相当于职业演员的"基本女演员"和临时雇佣的"临时女演员"。一般成为基本女演员的途径有电影学校和公开募集两种，各电影公司开设的电影学校均是短期培训机构，比起培养专业演员，其人力资源调配的功能似乎更加重要。另一方面，电影制作需要大量临时演员，随之出现了专门的中介公司，且规模逐渐扩大，后期甚至具备了培训功能。另外，电影女演员与歌舞剧女演员、话剧女演员之间有频繁互动。与歌舞剧女演员单方向转行为电影女演员不同，话剧女演员与电影女演员之间没有严格的分界线，多有两栖女明星的存在。

　　然而，电影女演员终究依存于电影产业，她们的人气和命运随着电影业的兴衰而流转。1937 年上海沦陷，多数电影公司停止营业，导演和演员们多迁往重庆、香港等地，虽然上海租界内还维持着部分电影制作，但近代中国电影的黄金时代已经结束。1941 年太平洋战争爆发后，上海电影业全部被日本人支配，川喜多长政统辖电影工作。在这种国产电影低迷的情况下，舞台剧重新崛起，再次成为上海娱乐业的主角。只是这次的主力军并非京剧，而是新生的传统地方戏剧——女子越剧。女子越剧的流行，说明上海社会又发生了新的变化。

　　因战势、世情多变，上海的社会氛围与市民的精神状态也随之发生较大波动，而女子越剧恰好符合并适应了这样的改变，所以受到人们的普遍欢迎。女子越剧凭借其缠绵催泪的言情剧情，以及越剧女伶酿造出来的男

性魅力，受到"太太小姐们"这些中上层女性观众的喜爱，最大限度地激发了女性观众的观赏能量，其特殊的表演方式即"女性空间"也得到男性家长的认可。与其他剧种的女伶不同的是，越剧女伶还可以被过房娘和过房爷所宠爱，这些人在精神与物质上给予的支持，客观上对女子越剧及其女伶有推动作用。袁雪芬发起的越剧改革，进一步提高了越剧的知名度，对新中国成立后越剧的传承与政治地位有重大影响。总而言之，1938年开始的上海女子越剧大流行，是中国越剧史上的重要一页，越剧也在那个时期奠定了表演艺术的基础。如今，越剧作为仅次于京剧的中国第二大剧种，依然具有全国范围的人气，女伶的男性魅力也依然是看点之一。

近代女伶崛起的过程，也是从男伶独演阶段到男女分演阶段的过渡，女伶登台后数十年间都无法与男伶比肩同台，而是在各自的戏园表演，即使更进一步到了男女合演阶段初期，仍然是男女同台不同戏，直至1930年代，各影剧艺术形式才基本普及了男女合演。然而，相应的性别反串表演的状态却并非与之同期、同时变化，男女合演普遍化之后，京剧的男旦、坤生艺术仍然维持了很长时间，战时的女子越剧更是逆流而上，以与数十年前的坤剧类似的纯女班形式风靡一时。这些事实也告诉我们，纵然女伶登台、男女合演是近代社会文化发展的必然趋势，但个别（男旦）、特殊（战争）的外部因素也可以催生出一部分与整体趋势相反的现象，它们虽与主流发展相逆，但既然能被社会所接纳、受容，必然有其与众不同的特殊魅力使之长存。

其实从宏观的社会发展结果来看，女伶重新登台并与男伶合演，是全球近代化发展的必然趋势，各国影剧界莫不如是。只是，东、西方国家的社会文化背景不同，女伶登台的时间和发展速度、状态等各异，在长期儒家思想的影响下，东亚诸国的女伶普遍起步较晚，且均经历有不同程度的波折，社会风纪、内外之别、男女之别等因素一直是阻碍女伶走向大众的重要原因。即使同是东亚国家，中日迥异的近代化过程加之战争的影响，使得两国女伶的发生与发展也有了较大差异，如当代日本仍有部分传统戏剧拒绝女性的参与。

另外需要注意的是，女伶登台及其显著的发展，并不等同于女伶个人及其群体的"上升"，即历史的进步有时不会带来个人命运的转机。例如，"髦儿戏"女伶走出"堂会"这样的私人空间，走向公园、戏园等公共空间，无疑是女伶行业或群体一种新的突破，从妇女史、性别史观点来看更是历史的一大进步，然而女伶个人的表演生涯或生活质量、整体命运是否也有本质上的突破或改善呢。

早期的坤剧女伶，有时也如妓女一般征歌侑酒，稍有名气者往往与当时的军阀、富豪、帮会头目、旧皇族等有所纠葛，名气大如"冬皇"孟小冬最终也成为杜月笙的五姨太。不论女伶自己是洁身自好还是贪图富贵，共通之处是其表演生涯一般都较男伶要短，且往往终结于青春鼎盛时期。新中国成立后，"四大名旦"等男伶仍是当唱之年，而当年坤剧极盛时期的著名女伶们早已芳踪难觅，尚可登台者不过寥寥数人而已。至电影和女子越剧流行的时代，与之前坤剧繁盛的年代相比社会已经有了较大进步，但是仍陆续出现了阮玲玉"人言可畏"、筱丹桂"做人难、难做人、死了"等轰动上海滩的女伶自杀事件，袁雪芬领导的越剧改革很大程度上也是"压迫—反抗"这一五四妇女史观的具体表现。

参考文献

1. 报纸杂志

《申报》

《图画日报》

《文汇报》

《良友》

《北洋画报》

《二十世纪大舞台》

《戏剧月刊》

《半月戏刊》

《剧学月刊》

《影戏杂志》

《电影杂志》

《青青电影》

《银光》

《电影月报》

《新银星》

《时代电影》

《越剧报》

《上海越剧报》

《绍兴戏报》

《越剧世界》

《半月戏剧》

《十日戏剧》

2. 中文著述

王书奴：《中国娼妓史》，上海：生活书店，1934 年。

陈东原：《中国妇女生活史》，上海：商务印书馆，1937 年。

《洪深文集》，北京：中国戏剧出版社，1959 年。

龚稼农：《龚稼农从影回忆录》，台北：文星书店，1967 年。

包天笑：《钏影楼回忆录》（正、续编），香港：大华出版社，1971 ~ 1973 年。

《齐如山全集》，台北：联经事业出版公司，1979 年。

程季华主编：《中国电影发展史》，北京：中国电影出版社，1980 年。

《越剧艺术家回忆录》，杭州：浙江人民出版社，1982 年。

程步高：《影坛忆旧》，北京：中国电影出版社，1983 年。

王人美口述、解波整理：《我的成名与不幸：王人美回忆录》，上海：上海文艺出版社，1985 年。

余秋雨：《中国戏剧文化史述》，杭州：浙江人民出版社，1985 年。

《京剧谈往录》（本编、续编），北京：北京出版社，1985 年。

胡蝶：《胡蝶回忆录》，台北：联合报社，1986 年。

郑逸梅、徐卓呆：《上海旧话》，上海：上海文化出版社，1986 年。

孙瑜：《银海泛波——回忆我的一生》，上海：上海文艺出版社，

1987 年。

　　张次溪编：《清代燕都梨园史料》，北京：中国戏剧出版社，1988 年。

　　张仲礼：《近代上海城市研究》，上海：上海人民出版社，1990 年。

　　姜少波等编：《中国京剧史》，北京：中国戏剧出版社，1990 年。

　　《欧阳予倩全集》，上海：上海文艺出版社，1990 年。

　　张发颖：《中国戏班史》，沈阳：沈阳出版社，1991 年。

　　高义龙：《越剧史话》，上海：上海文艺出版社，1991 年。

　　《上海县志》，上海：上海人民出版社，1991 年。

　　谭帆：《优伶史》，上海：上海文艺出版社，1995 年。

　　孙崇涛、徐宏图：《戏曲优伶史》，北京：文化艺术出版社，1995 年。

　　戴锦华：《镜城突围：女性·电影·文学》，北京：作家出版社，
1995 年。

　　《中国戏曲志·上海卷》，北京：中国 ISBN 中心，1996 年。

　　邹苏元、胡菊彬：《中国无声电影史》，北京：中国电影出版社，
1996 年。

　　罗苏文：《女性与近代中国社会》，上海：上海人民出版社，1996 年。

　　《上海越剧志》，北京：中国戏剧出版社，1997 年。

　　黄育馥：《京剧·跷和中国的性别关系》，北京：生活·读书·新知三
联书店，1998 年。

　　《上海沪剧志》，上海：上海文化出版社，1999 年。

　　《上海电影志》，上海：上海社会科学院出版社，1999 年。

　　《潘光旦文集》，北京：北京大学出版社，2000 年。

　　霍塞著、越裔译：《出卖上海滩》，上海：上海书店出版社，2000 年。

　　李欧梵著、毛尖译：《上海摩登：一种新都市文化在中国（1930 –
1945)》，北京：北京大学出版社，2001 年。

徐慕云：《中国戏剧史》，上海：上海古籍出版社，2001 年。

陆萼庭：《昆剧演出史稿》，台北："国家"出版社，2002 年。

应志良：《中国越剧发展史》，北京：中国戏剧出版社，2002 年。

胡平生：《抗战前十年间的上海娱乐社会（1927－1937）——以影戏为中心的探索》，台北：台湾学生书局，2002 年。

周华斌、朱联群主编：《中国剧场史论》，北京：北京广播学院出版社，2003 年。

周慧玲：《表演中国——女明星、表演文化、视觉政治，1910－1945》，台北：麦田出版，2004 年。

高彦颐：《闺塾师——明末清初江南的才女文化》，南京：江苏人民出版社，2005 年。

李贞德、梁其姿主编：《妇女与社会》，北京：中国大百科出版社，2005 年。

梅兰芳述、许姬传等记：《舞台生活四十年——梅兰芳回忆录》，北京：团结出版社，2006 年。

李道新：《中国电影史研究专题》，北京：北京大学出版社，2006 年。

赵山林：《中国近代戏曲编年》，上海：华东师范大学出版社，2008 年。

李长莉：《晚清上海社会的变迁——生活与伦理的近代化》，天津：天津人民出版社，2002 年。

姜进等著：《娱悦大众：民国上海女性文化解读》，上海：上海辞书出版社，2010 年。

张远：《近代平津沪的城市京剧女演员（1900－1937)》，太原：山西教育出版社，2011 年。

姜进：《诗与政治：20 世纪上海公共文化中的女子越剧》，北京：社会

科学文献出版社，2015年。

3. 日文著述

辻听花：《支那芝居》（上、下），东京：支那风物研究会，1924年。

波多野乾一：《支那劇と其名優》，东京：新作社，1925年。

波多野乾一著，鹿原学人编译，洪珍白校对：《京剧二百年历史》，北京：顺天时报馆，1926年。

森律子：《女優生活廿年》，东京：实业之日本社，1930年。

伊原敏郎：《歌舞伎年表》，东京：岩波书店，1956～1963年。

河竹俊繁：《日本演劇全史》，东京：岩波书店，1959年。

《青木正児全集》，东京：春秋社，1969年。

高桥孝助、古厩忠夫编：《上海史——巨大都市の形成と人々の営み》，东京：东方书店，1995年。

田仲一成：《中国演劇史》，东京：东京大学出版会，1998年。

小柜万津南：《日本新劇理念史明治中期篇——明治の演劇改良運動とその理念》，东京：未来社，1998年。

胁田晴子：《女性芸能の源流——傀儡子・曲舞・白拍子》，东京：角川书店，2001年。

刘文兵：《映画の中の上海：表象としての都市・女性・プロパガンダ》，东京：庆应义塾大学出版社，2004年。

川崎贤子：《宝塚というユートピア》，东京：岩波书店，2005年。

瀬户宏：《中国話劇成立史研究》，东京：东方书店，2005年。

藤木秀朗：《増殖するペルソナ：映画スターダムの成立と日本近代》，名古屋：名古屋大学出版社，2007年。

山崎顺子：《イギリス王制復古期のシェイクスピアと女性演劇人》，东京：学术出版会，2007年。

吉川良和：《北京における近代伝統演劇の曙光：非文字文化に魂を燃やした人々》，東京：創文社，2012 年。

中国女性史研究会編：《中国のメディア・表象とジェンダー》，東京：研文出版，2016 年。

小浜正子等：《中国ジェンダー史研究入門》，京都：京都大学出版会，2018 年。

后 记

1999 年 10 月，高中毕业三个月后，我以就学生的身份来到位于日本京都的关西语言学院学习日语，为一年半以后报考日本的大学做准备。2001 年 4 月，我进入国立京都教育大学就读本科，专业是宏观经济学，这是当时文科留学生最热门的专业选择。但通过几年的学习，确定自己对经济学完全无感觉，加之从小偏爱文史，喜欢看小说、读历史故事，一直想把这些作为专业来学习，所以大四那一年，在周围同学大多在忙忙碌碌地跑就职、拿内定的时候，我憋在宿舍里除了写毕业论文，就是偷偷地准备考历史专业的研究生。

2005 年 2 月，来到日本留学的第六个年头，距离本科毕业不到两个月，我不顾所有人反对、孤注一掷地参加了京都大学文学研究科东洋史学专业的入学考试。虽然三次笔试和一次面试波折丛生，在我几乎要失望地收拾行囊回国结束留学生活的时候，最终却意外地收到了录取通知书。从来没有受过历史学专业训练的我能够被这所名校所接纳，源于当年东洋史专业的 5 位教员夫马进、杉山正明、吉本道雅、中砂明德、高岛航，敬爱的先生们以京都大学自由、宽容的胸怀为我提供了一个努力学习、继续挖掘自身可能性的机会。老师们的谆谆教诲言犹在耳，令我铭感终生。

　　入学后，我才发现自己所谓的历史爱好浅薄至极，真正开始接受日本式的中国史研究教育，与历史学本科、研究生毕业的同学们一起上课压力山大，至今还记得每周去上夫马老师的讲读课时，站在门外那种腿肚子转筋、浑身冒冷汗的感觉。但命运眷顾，在京都大学里遇到的老师与学长们，让我人生第一次理解了何谓"良师益友"，在大家的帮助下，不到一年我基本适应了新的环境和学习节奏，虽然与同学们相比已经输在了起跑线上，但也要努力开始寻找自己今后的研究方向了。

　　最初对女伶产生兴趣，源于硕士一年级时得到正在夫马先生门下访学的余新忠老师的启发。因为我是跨专业且历史学基础薄弱，他建议我避开传统严肃的制度史研究选择社会史或妇女史方向。后来我在小说里看到李渔的一句话："天下最贱的人，是娼优隶卒四种。做女旦的，为娼不足，又且为优，是以一身兼二贱了"，觉得很有意思，原来女伶和妓女不是一个行业，那她们有什么区别或上下之分吗？带着这个最原始的问题意识，我开始搜集女伶的资料，然而史料中的二者均是界限暧昧，很难说清她究竟是妓女还是女伶，继续研究下去会与初衷相悖变成妓女研究。于是又一个问题出现了，女伶是何时、如何与妓女完全分离并发展至当代呢？在这两个问题意识的驱动下，最终决定选择近代以后的女伶作为研究对象。

　　然而当时日本的中国史研究领域，妇女史、特别是近代以后的性别史研究刚刚起步，这个题目虽较有新意，但前期研究少，加之自己资质有限，如何用传统考据学方法来研究这种非社会主流的女性让我大伤脑筋。所以好不容易决定了研究对象，但很长时间都没有找到写论文的思路，如同在死胡同里闷头打转，一转就蹉跎了两三年。中间无数次怀疑自己根本没有做研究的能力，撑不住的时候也认真考虑过休学或退学，但是最终在大家的关心帮助下没有放弃。特别是高岛航老师和箱田惠子学姐，毫不夸张地说，是在他们手把手教、一字一句地启发和指导下，驽钝如我才总算

慢慢地初窥历史研究之道。那些深夜或假日一起修改论文的时光，当时痛苦难耐的磨炼，如今回想起来都是无比宝贵的人生财富，师恩和友情重如山、深如海。

博士的最后一年，入学以来一直对我帮助有加的岩井茂树教授和石川祯浩教授，为帮我解决各种实际困难，同意接纳我为人文科学研究所现代中国研究中心的研究助手。在各方面都无可挑剔的科研环境中，2011 年 1 月我按照预期提交了博士论文，2 月通过答辩，3 月拿到了京都大学文学博士学位，4 月告别日本回到了家乡济南。在京都大学度过的 6 年里，我提升了眼界、学识，拓展了原本狭隘的人生观，更体会到了真挚高尚的"人间性"，是我平庸的人生里最幸运、最精彩的时光。我何其有幸，得遇诸多恩师挚友，带领我改变了原本与"学问"二字无缘的人生。

一晃 8 年过去了，回国后因各种原因我早已远离女伶研究，博士论文也一直被束之高阁。大学教师的工作和家庭育儿繁忙且充实，新的研究课题也逐渐起步，但心中仍时常挂怀着曾陪伴自己 6 年之久的女伶研究。直到去年结识了资深出版专家张元立老师，才终于下定决心翻译并出版这本迟到了多年的书，也算是为自己的留学生涯画上一个姗姗来迟的句号。只是研究水平相较 8 年前进展甚少，惭愧至深。

谨以此小书，献给漫长的留学岁月中所有帮助过、支持过我的各国师长和友人，感谢多年来父母、丈夫对我的包容，最后祝愿我的孩子——郭亚东永远健康快乐！

张　雯

2019 年 4 月 14 日